Reema Goode

Das Licht des Orients

Wunderbare Begegnungen in der arabischen Welt

Reema Goode

Das Licht des Orients

Wunderbare Begegnungen in der arabischen Welt

SCM Hänssler

SCM

Stiftung Christliche Medien

FSC
www.fsc.org
MIX
Papier aus verantwortungsvollen Quellen
FSC® C006701

Übersetzung: Doris C. Leisering
Umschlaggestaltung: Jens Vogelsang, Aachen
Titelbild: istockphoto.com
Satz: typoscript GmbH, Walddorfhäslach
Druck und Bindung: CPI – Ebner & Spiegel, Ulm
Gedruckt in Deutschland
ISBN 978-3-7751-5401-7
Bestell-Nr. 395.401

Inhalt

Für Gott

»Sie sollen dem Herrn für seine Gnade danken und für die Wunder, die er an ihnen getan hat.«
Psalm 107,8

Vorwort
Von Bruder Andrew

Wir brauchen Geschichten.

Jesus erzählte Geschichten.

Ich erzähle Geschichten.

Es gibt keinen Ersatz für Geschichten, denn jede Geschichte enthält Anklänge an Ihre Geschichte oder meine oder die unserer Kinder.

Der Nomade in der Wüste, der Mann beim Drachensteigen in Kabul, das Straßenkind in New York, der Terrorist in den Bergen von Pakistan, der Steinewerfer in Gaza oder Bethlehem – jeder von ihnen hat eine Geschichte, und diese Geschichte muss erzählt werden.

Warum?

Weil Jesus Christus für jeden von ihnen gestorben ist, weil Jesus jeden von ihnen liebt. Die Geschichten dieser so unterschiedlichen Menschen helfen uns, sie mit der rettenden Macht von Jesus in Verbindung zu bringen, damit wir sie lieben und für sie beten können, bis auch jeder von ihnen so verwandelt wird, dass er seine Kraft zum Guten einsetzt und die Welt zu einem besseren Ort macht.

Warum meinen wir, ihre Geschichten seien so anders als unsere?

Sie alle wurden als unschuldige Babys geboren, nicht als Terroristen.

Viele von ihnen wurden in Ländern geboren, in denen die Botschaft von Gottes Liebe nicht bekannt war. Heißt das, dass sie nicht die Chance bekommen sollten, sie zu hören?

Warum haben wir ihnen noch nicht die Gute Nachricht gebracht?

Vielleicht haben wir Gottes Ruf gehört, sind aber nicht gegangen … haben nicht geredet, haben nicht weitergesagt, haben unser Herz nicht geöffnet …

Vielleicht meinten wir, es sei zu gefährlich. Doch Gleichgültigkeit und Schweigen sind noch gefährlicher!

Ja, jeder Mensch hat eine Geschichte; dieses Buch ist voll von Menschengeschichten! Was diese Geschichten von der Arabischen Halbinsel uns erzählen, ist, was geschieht, wenn Menschen der Liebe von Jesus begegnen.

Und deshalb freue ich mich auf Hunderte weiterer Bücher wie dieses.

Es ist nicht nur ihre Geschichte, es ist seine Geschichte.

Bruder Andrew

Dank

Mein Mann Mike und ich möchten gern den vielen Menschen danken, die dieses Buch und die Geschichten darin ermöglicht haben. Obwohl wir viele von ihnen aus Gründen des Persönlichkeitsschutzes und der Sicherheit nicht namentlich nennen können, möchten wir öffentlich unseren Dank an den Leib Christi zum Ausdruck bringen.

Ein herzlicher Dank geht an unsere Missionarskollegen. Sie alle können Geschichten wie diese erzählen und wir hoffen, dass dieses Buch unsere gemeinsamen Erfahrungen hier auf der Arabischen Halbinsel würdig zum Ausdruck bringt. Danke auch an unsere Teammitglieder, die wir von Herzen lieb haben. Sie haben in der Zeit, in der sich diese Geschichten und Ereignisse abspielten, mit uns gebetet und gearbeitet. Ein besonderes Dankeschön gilt dem stillen Mann, der als Erster daran interessiert war, unsere Geschichten an die Öffentlichkeit zu bringen, und der mir ein Fünkchen Glauben daran vermittelte, eines Tages tatsächlich ein Buch schreiben zu können. Danke an das liebe Ehepaar, das uns mit seinen Gebeten unterstützt und uns dazu inspiriert hat, große Dinge von Gott zu erwarten.

Danke den Leitern, die das Potenzial dieses Buches gesehen haben. Sie haben uns mit anderen Gliedern des Leibes Christi in Kontakt gebracht, die Dinge können, die wir nicht können, und uns auf dem ganzen Weg an die Hand genommen. Danke an unsere Leiter auf dem Missionsfeld, die uns mehr als einmal die nötigen Freiheiten gewährt haben, damit wir das tun konnten, wozu wir uns von Gott geführt sahen, auch wenn es ein wenig »gegen den Strich« ging. Ein Dankeschön auch an die vielen, vielen Christen überall auf der Welt, deren anhaltende Gebete und finanzielle Opfer die notwendige Energie geliefert haben, um unser Licht in dieser Dunkelheit leuchten zu lassen. Wir wünschen jedem von euch Gottes reichen Segen. Ihr wisst selbst, wer gemeint ist – und unser Herr weiß es auch.

Die Geschichte hinter der Geschichtenerzählerin

Reema erinnert sich noch, welchen Eindruck Cecil B. DeMilles Film »Die Zehn Gebote« als kleines Mädchen auf sie machte. Sie glaubte an Gott und betete jeden Abend zu ihm, auch noch als junge Erwachsene. Doch erst mit Anfang zwanzig fand sie heraus, wie sie eine persönliche Beziehung zu Gott beginnen und Vergebung für ihre Sünden finden konnte. Damals las sie ein kleines christliches Heftchen, das jemand an ihrer Arbeitsstelle hatte herumliegen lassen. Es war die erste Erklärung des Evangeliums, die Reema verstand. Sofort vertraute sie Jesus Christus ihr Leben an und konnte es kaum abwarten, auch anderen von ihm zu erzählen.

Ihre ersten Versuche, die Gute Nachricht weiterzusagen, verwirrten die anderen Menschen wohl eher, als ihnen zu helfen. Was musste man sagen? Wie musste man es sagen? Da sie offenbar nicht zum »Predigen« begabt war, beschloss Reema zu durchdenken, was in ihrem Leben passiert war, und den anderen erst einmal genau das zu erzählen. Es stellte sich heraus, dass viele sich mit ihrer Geschichte identifizieren konnten und mehr über den Gott wissen wollten, der so real und am Leben von ganz gewöhnlichen Menschen beteiligt war.

In dem Versuch, andere Christen kennenzulernen, ging Reema ein Jahr lang jeden Sonntag, an dem sie nicht arbeiten musste, in eine andere Gemeinde. Doch wenn sie die Menschen dort nach ihrem Glauben fragte, sprachen sie davon, wann sie angefangen hatten, in den Gottesdienst zu gehen oder wie sie Gemeindemitglieder, Diakone oder Bibelstundenmitarbeiter geworden waren. Keiner von ihnen schien zu wissen, was sie mit einer »persönlichen Beziehung zu Gott« oder einer »Entscheidung, Jesus Christus nachzufolgen« meinte. Reema wurde klar, dass – genau wie sie selbst – viele Menschen in der Überzeugung aufwuchsen, sie seien Christen, einfach weil sie zu einer bestimmten Gemeinde gehörten oder zu Gemeindeversammlungen gingen. Doch wo, fragte sie sich, waren dann die Christen? Warum waren sie so schwer zu finden?

Eines Tages schaltete sie das Radio an und hörte eine Sendung, die ihr die Antwort auf ihre Frage zu geben schien. Es war *Stories of Great Christians* vom *Moody Bible Institute*, eine Hörspielreihe über berühmte Missionare. Als sie hörte, wie Christen ihre vertraute Heimat verlassen hatten, um das Evangelium an die Enden der Erde zu bringen, fragte sich Reema: Waren alle Christen bereits in andere Länder gegangen, wo die Botschaft der Bibel unbekannt, nicht verfügbar oder sogar verboten war? Ihre heitere Naivität führte sie jedoch schließlich zu ernsteren Gedanken. Die Erkenntnis, dass es immer noch Orte auf der Welt gab, wo Menschen lebten und starben, ohne jemals das Evangelium gehört zu haben, weckte in Reema eine Frage: Wie konnte sie bei allem, was sie jetzt wusste, in Amerika bleiben, wo es Bibeln in jeder Buchhandlung gab und absolute Freiheit herrschte, sich für Christus zu entscheiden? Und so – obwohl sie schließlich andere Christen fand und aktives Mitglied einer Gemeinde wurde – war Reema nun fest entschlossen, eines Tages in eine Region der Welt zu gehen, wo das Evangelium noch nicht verkündigt worden war. Doch sie sollte nicht allein gehen.

Reema lernte Mike in einer Cafeteria kennen. Sie stand zufällig in der Schlange neben ihm, und er folgte ihr zu ihrem Platz und ließ sie nicht mehr allein. Zunächst war sie etwas ungehalten. Sie nahm an, dass dieser Mann, der nicht nur groß und gut aussehend, sondern ganz offensichtlich auch älter war als sie, verheiratet sein musste. Bald stellte sich heraus, dass das ein Irrtum war. Er war ein alleinstehender Mann, ein Christ, der fest entschlossen war, Gott in einer Region der Welt zu dienen, wo das Evangelium noch unbekannt war. Und er war auf der Suche nach einer Frau, die ebenso dachte wie er und mit ihm gehen würde. Kaum ein Jahr später heirateten die beiden.

Während Mike noch seine letzten beiden Jahre an der Bibelschule absolvierte, forderte Reema Informationen von verschiedenen Missionsgesellschaften an, um ihren und Mikes missionarischen Weg auf eine bestimmte Region oder Volksgruppe einzugrenzen. Wo gab es die meisten Menschen, die noch am wenigsten von Jesus gehört hatten? Bevor sie sich auf die Suche machten, hatten Mike und Reema kaum etwas vom Islam gehört. Während sie schon erwarteten, irgendwo bei einem weit entlegenen Eingeborenenstamm im Dschungel zu landen, legte Gott ihnen die arabisch-islamische Welt aufs Herz. Je mehr sie darüber erfuhren, desto gewisser wurden sie, dass Gott sie dorthin rief.

Nachdem sie drei Jahre daran gearbeitet hatten, einen Unterstützerkreis in verschiedenen Gemeinden aufzubauen, der hinter ihnen stehen würde, trafen Mike und Reema auf der Arabischen Halbinsel ein. Zusammen mit ihren Kindern Tim und Lydia leben sie noch immer dort.

Vorwort

Gott wirkt auf geheimnisvolle Weise, und manchmal auch durch Ereignisse, die scheinbar nichts miteinander zu tun haben.

Im Jahr 1990 prägte Luis Bush den Begriff »10/40-Fenster« für ein Gebiet der Erde, in dem die meisten unerreichten Volksgruppen des Planeten leben. Auch in den Medien steht die arabische Welt immer wieder im Brennpunkt. Beide Aspekte – der geistliche und der politische – hatten großen Einfluss auf die weltweite Gemeinde Jesu. Warum? Gott gebrauchte beides, um den Blick seiner Gemeinde auf die islamische Welt zu lenken – eine Welt, deren Bevölkerung damals 51 Prozent der Weltbevölkerung ausmachte und noch kaum etwas vom Evangelium gehört hatte. In den nächsten zwei Jahrzehnten konzentrierte sich durch eine Reihe von weltbewegenden Ereignissen die Aufmerksamkeit auf diese Regionen noch weiter – nicht nur auf die islamische Welt im Allgemeinen, sondern insbesondere auf die arabisch-islamische Welt.

Worte, die in unserem Leben zuvor nie eine Bedeutung hatten, wurden Teil unseres Alltagsvokabulars: Koran, Allah, Burka, Dschihad. Das Bewusstsein für und die Sorge um eine Milliarde Menschen, die unter islamischer Herrschaft leben, stieg sprunghaft an. Bücher über den Islam, die arabische Kultur und darüber, wie man mit Muslimen über den christlichen Glauben reden kann, überschwemmten den Buchmarkt. Scharen von Christen auf der ganzen Welt begannen zu beten, zu spenden und zu gehen.

Aber heute, nach zwei Jahrzehnten konzentrierter und weiter wachsender Bemühungen der Gemeinde Jesu, scheinen die Fernsehnachrichten aus dem Nahen Osten so deprimierend wie eh und je zu sein. Antwortet Gott auf unsere Gebete? Tut er überhaupt etwas im Leben von Muslimen? Und wenn ja, was? Genau darum geht es in diesem Buch.

Unsere Familie lebt seit über zwölf Jahren mitten in einer typischen muslimischen Nachbarschaft. Wir möchten Ihnen einen Einblick in das geben, was wir als Christen, die »vor Ort« in einem islamischen Land leben, zu sehen bekommen. Wir denken, das wird Sie sehr ermutigen.

Dies ist kein Buch über die Religion Islam an sich oder über die arabische Kultur, und es ist auch keine Anleitung über die Arbeit unter Muslimen, denn zu diesen Themen gibt es schon viele hervorragende Bücher. Wir möchten einen etwas anderen Blickwinkel einnehmen: Statt dem Leser eine »Luftaufnahme« der islamischen Welt im Allgemeinen zu zeigen, möchten wir das »heranzoomen«, was Gott tatsächlich in den letzten Jahren im praktischen, alltäglichen Leben an einem einzigen von vielen islamischen Orten getan hat. Statt über Statistiken zu reden, die beleuchten, wie Muslime zu Jesus finden, möchten wir mit Ihnen anhand von Geschichten durch die Nachbarschaft gehen, in der wir leben. Sehen Sie selbst, wie unglaublich kreativ, vielfältig, unerwartet und aufregend Gott unsere Nachbarn mit dem Evangelium von Jesus Christus erreicht. Sein Wort breitet sich aus, und sein Geist bestätigt ihrem Herzen die Wahrheit – ganz greifbar.

Wir möchten Ihnen einen Einblick in das geben, was wir als Christen, die »vor Ort« in einem islamischen Land leben, zu sehen bekommen.

Obwohl die Geschichten in diesem Buch ermutigend, aufbauend und manchmal sogar humorvoll sind, können wir nicht leugnen, dass die islamische Welt oft ein gefährlicher Ort ist. Wo wir leben, steht es unter Strafe, einen Einheimischen zu Jesus zu führen. Muslime, die sich bekehren, wissen, dass sie wahrscheinlich Verfolgung erleben oder sogar sterben werden. Dennoch kommen jedes Jahr immer mehr Christen nach Arabien, um dort als Zeugen für Jesus Christus zu leben, und jedes Jahr gibt es mehr Geschichten wie diese zu berichten.

Die folgenden Geschichten sind echte Erlebnisse von echten Menschen, die wir persönlich kennen. Natürlich haben wir einige Details und alle Personen- und Ortsnamen geändert, um die beteiligten Personen zu schützen.

Wir beten, dass dieses Buch Gott verherrlicht, seine Kinder für ihren eigenen Glaubensweg inspiriert und Christen auf der ganzen Welt die Mut machende Botschaft vermittelt, dass Gottes Licht der Liebe auch die dunkelste Festung erhellt. Wir hoffen ebenfalls, dass diese Geschichten zu noch mehr Gebet für die islamische Welt und zu mehr Barmherzigkeit für die Menschen führen, die unter der Herrschaft des Islam leben. Diese Geschichten bezeugen, wie Gott Türen für das Evangelium öffnet, sein Wort bestätigt, seine Liebe offenbart und die Herzen von Menschen in Arabien gewinnt.

Ja, Gott antwortet auf Gebete, und er baut seine Gemeinde! Wenn die Tore der Hölle ihr nichts anhaben können, wie könnte es dann der Islam?

Ich habe eine Tür für dich geöffnet,
die niemand schließen kann.
Offenbarung 3,8

1. Die offene Tür

Es war ein Winterabend in unserer kleinen Stadt in Arabien. Der kühle Abendwind war eine willkommene Abwechslung von den sommerlichen Tageshöchsttemperaturen von über 50 ° Celsius. Während ich ohne Eile durch die unregelmäßig angeordneten und unbefestigten Straßen ging, drang der würzige Duft des Asha, des Abendessens, aus jedem Haus und erwärmte die kalte Luft draußen. Es war nach 21 Uhr. Die Frauen erledigten den Abwasch. Die Kinder, die normalerweise noch ein paar Stunden draußen spielten, bevor es Zeit fürs Bett war, beschlossen, sich lieber in warme Pullover und Mützen zu kuscheln und es sich vor dem Fernseher bequem zu machen, wo es wärmer war. Die Stille auf den ausgedienten Straßen verstärkte das leise Geräusch meiner Sandalen auf der Erde. Das Fehlen von Straßenlaternen ließ die glitzernden Sterne über mir nur noch heller am schwarzen Himmel erstrahlen. Und dieser Mond! Eine riesige Sichel, das ureigene Symbol des Islam, schien wie ein Reklameschild, wie ein Zeichen der Eigentümerschaft, mitten über unserem Dorf zu hängen. Freude sprudelte in meinem Herzen hoch, als ich darüber nachdachte, wo ich war und was ich tat. Hier unter der gebieterischen Herrschaft des Halbmondes war ich unterwegs zu einer Gesprächsrunde über die Bibel und den Koran mit Frauen aus meiner Nachbarschaft.

»Komm … und bring die Bücher mit!«, hatten sie gesagt. Doch noch erstaunlicher war, wie oft sie es gesagt hatten. In den 18 Monaten seit unserer Ankunft hatte unsere Familie mit fast allen unseren Freunden aus der Nachbarschaft mindestens einmal über das Evangelium reden können – und Gott bestätigte im Leben jedes Einzelnen von ihnen, dass sein Wort wahr ist. Es war unglaublich, wie er Türen öffnete, und alles hatte auf ganz unerwartete Weise durch ein ganz gewöhnliches Ereignis begonnen.

Gerade erst waren wir in die Nachbarschaft gezogen und hatten uns bisher nicht besonders bemüht, die Nachbarn kennenzulernen. Wir brauchten noch ein bisschen Zeit, um uns erst einmal an das Leben hier zu gewöhnen. Es gab kein zentrales Wassersystem in der Stadt, also musste der Tank auf unserem Dach alle fünf oder sechs Tage vom Wasserwagen befüllt werden. Jeden Morgen filterten wir unser Trinkwasser und stellten es zum Abkühlen in den Kühlschrank. Der kam mit der Wüstenhitze gar nicht gut zurecht, also kauften wir immer nur wenige Lebensmittel auf einmal, damit nichts verdarb. In jenen ersten Wochen kam es uns so vor, als funktionierte nichts so, wie es sollte, oder wenigstens nicht so, wie wir es gewohnt waren. Am Backofen ließ sich keine Temperatur einstellen; er war einfach »an« oder »aus« – und plötzlich war das Kochen eine ganz neue Herausforderung. Unsere erste Ladung Wäsche war von der Waschmaschine fachmännisch in Fetzen zerlegt worden, sodass unser spärlich gefüllter Kleiderschrank anschließend noch spärlicher gefüllt war. Wir hatten zwei Tage lang nicht die Toilette spülen können, und die Bodenabflüsse in der Küche und im Bad waren mit Müll, Spielzeug und Lumpen von diversen Vormietern verstopft. Da wir wussten, dass Gastfreundschaft ein unendlich wichtiger Teil der arabischen Kultur ist, sahen wir wenig Sinn darin, die Nachbarn kennenzulernen, bevor wir nicht eine anständige Wohnung hatten, in die wir sie einladen konnten. Nach den ersten Grußformeln und etwas Small Talk ist es höf-

> *In den 18 Monaten seit unserer Ankunft hatte unsere Familie mit fast allen unseren Freunden aus der Nachbarschaft mindestens einmal über das Evangelium reden können.*

lich zu sagen »Taali bayti« (»Komm in mein Haus«), und wir wollten vorbereitet sein, falls sie uns beim Wort nahmen. Allerdings gab es noch einen weiteren Grund, warum wir bisher keinen Nachbarn kennengelernt hatten – den sollten wir allerdings erst später herausfinden.

Offenbar hatten die *Mutawwas* die Einheimischen vor uns gewarnt. Das sind religiöse Lehrer, die für Orientierung und geistliche Unterstützung sorgen. Sie hatten ihren Schäfchen erzählt, dass Ausländer, die zum Arbeiten nach Arabien kommen, christliche Missionare sind, die geschickt wurden, um ihre Kinder zu verführen, Unmoral zu bringen, ihre Familien und ihr Land zu zerstören und überhaupt die islamische Gesellschaft zu verderben. Natürlich stimmte es, dass wir christliche Missionare waren (und sind), doch unsere Motive waren das ganze Gegenteil von diesen Vorurteilen. Diese falschen Vorstellungen waren die erste Hürde, die Gott für uns überwand.

Bevor wir in unsere kleine Stadt kamen, mussten mein Mann Mike und ich neben der normalen Bibelschule auch spezielle Auflagen unserer Missionsgesellschaft erfüllen, die uns auf die Arbeit in der islamischen Welt vorbereiteten. Wir lasen Bücher über den Islam und interkulturelle Fragen, und Mike sammelte praktische Erfahrungen bei der evangelistischen Arbeit unter einer Gruppe von Muslimen in den Vereinigten Staaten. Die Geschichte der Mission in der islamischen Welt war bis dahin im Großen und Ganzen eher entmutigend gewesen. In der Vergangenheit hatten christliche Missionare unendlich viel geopfert; sie hatten über die Jahre – manchmal sogar ihr ganzes Leben lang – viel

> *Wir schreiben unsere Erfahrungen in Arabien unmittelbar der Tatsache zu, dass Christen auf der ganzen Welt plötzlich viel mehr für die Muslime und die Missionare unter Muslimen beteten.*

und hart gearbeitet und doch kaum sichtbare Früchte geerntet. Damals wusste die evangelische Kirche im Prinzip kaum etwas über die islamische Welt. Es gab nur wenige Missionare und wenig Gebetsunterstützung.

Doch in den 1990er-Jahren änderte sich das alles durch das wachsende Interesse für das 10/40-Fenster und die Schlagzeilen, die die Operation Desert Storm machte. Der Blick der weltweiten Gemeinde Jesu richtete sich auf die unerreichten Menschenmassen, die unter islamischer Herrschaft lebten. Unzählige Christen überall auf der Welt fingen an zu beten, und es begann sich etwas zu tun. Menschen, die Christus nachfolgten, fanden Wege, sich in islamischen Ländern anzusiedeln, in denen missionarische Aktivitäten eine Straftat darstellen. Gott begann, Türen zu öffnen, die zuvor fest verschlossen waren. Wir schreiben unsere Erfahrungen in Arabien unmittelbar der Tatsache zu, dass Christen auf der ganzen Welt plötzlich viel mehr für die Muslime und die Missionare unter Muslimen beteten. Für uns öffnete sich die Tür zu unserer Nachbarschaft auf ganz unerwartete Weise einen Spalt weit, nämlich durch das bescheidene Mittel eines Autos, das nicht anspringen wollte.

Eines Morgens, als ich gerade unseren dreijährigen Sohn Tim für den Tag fertig machte, hörten mein Mann Mike und ich das Geräusch eines Automotors, der immer wieder aufheulte, ohne anzuspringen. Mike, der seit seiner Jugend ein leidenschaftlicher Bastler ist, ging hinaus, um zu sehen, was da los war.

Er trat aus unserem kleinen Haus auf den mit Kies bedeckten Hof und in einen warmen, sonnigen Wintertag. Nach wenigen Schritten hatte er das Metalltor passiert, das in einer zwei Meter hohen Mauer Einlass in unseren Hof bot. Alle Häuser waren von Betonmauern umgeben, sodass die Frauen, die das Haus verlassen mussten, um Wäsche aufzuhängen oder in die

Küche zu gehen, nicht von unerwünschten Blicken belästigt wurden.

Da Küchengerüche im Haus als unangenehm betrachtet werden, verbrannte man in allen Wohnräumen Weihrauch, der einen würzigen, einladenden Geruch verbreitete. Mike konnte noch den »Frühstücksweihrauch« riechen, als er auf die unbefestigte Straße trat.

Die Häuser lagen in alle Richtungen verstreut; eine Ordnung oder gar Stadtplanung war nicht zu erkennen. Einige der Straßen waren kaum breit genug für ein Auto, auf anderen konnten bequem fünf Autos nebeneinander parken. Wenn Besucher zu einem bestimmten Haus wollten, kam es sogar häufig vor, dass tatsächlich mehrere Autos nebeneinander auf der Straße geparkt standen und sie komplett blockierten.

An diesem Morgen waren allerdings nur wenige Autos zu sehen. Die Kinder waren schon in die Schule gebracht worden und die Männer zur Arbeit gefahren. Nur ein Auto stand noch da – mit geöffneter Motorhaube und unter einem struppigen, dornigen Baum. Eine kleine Gruppe von Männern hatte sich davor versammelt. In ihren frisch gebügelten Gewändern und traditionellen Kopfbedeckungen nahmen sie die Lage unter der Motorhaube mit elegant hinter dem Rücken gefalteten Händen in Augenschein. Es war offensichtlich, dass keiner von ihnen wusste, was hier zu tun war, doch sie unterstützten ihren Nachbarn, indem sie ihm in seiner Not beistanden.

Als Mike näher kam, grüßte er fröhlich und laut: »Salam Aleikum!« Die Männer schauten auf und erwiderten vorsichtig: »Aleikum asalam.« Dann trat Mike mitten in die Gruppe hinein, um sich die Angelegenheit anzuschauen. Es war keine große Sache; er musste nur ein paar Kontakte reinigen. Wenige Minuten später wies er den Autobesitzer mit einer Handbewegung an, er solle den Motor starten. Er sprang sofort an. Ein Ausdruck überraschter Wertschätzung legte sich auf die Gesichter der Männer, und in jener bewährten Geste, die jeder Abendländer garantiert verstand, hoben sie die Daumen. Irgendjemand, der ein bisschen Englisch sprach, klopfte ihm auf den Rücken und rief aus: »Number one! Number one!« Ehe er sich's versah, war Mike als Dankeschön in mehrere Häuser zum Kaffeetrinken eingeladen worden. Später lernten wir, dass dies kein erster Freundschaftsbeweis war, sondern ein traditionelles Mittel, sich einer Schuld zu entledigen. Dennoch hatte unsere Familie nun die Gelegenheit, die Nachbarn kennenzulernen.

In jedem Haus wurde Mike in den *Madschlis* der Männer eingeladen, ein besonderes Zimmer, das für den Empfang von Gästen reserviert ist. Frauen und Kinder wurden in einen anderen Raum gebracht, und wir alle wurden mit feinster arabischer Gastfreundlichkeit überschüttet. Zuerst brachte man uns kaltes Wasser und Säfte, dann Datteln und Kaffee, dann eine Auswahl köstlicher Speisen, die alle von den Frauen des Hauses zubereitet worden waren. Wir fühlten uns wirklich sehr willkommen! Allerdings wurde unseren Gastgebern bald klar, dass mit uns etwas nicht stimmte. Anscheinend konnten wir nicht normal essen!

Zunächst einmal hatten wir Probleme, unsere Körper auf dem Boden zu platzieren, wo die Mahlzeit serviert wurde. Da dies unser erster Besuch bei den Nachbarn war, unternahmen wir jegliche Anstrengungen, um sämtliche kulturellen Regeln einzuhalten, die man uns beigebracht hatte. Wenn du dich bückst, dann achte darauf, dass dein Hinterteil auf niemanden zeigt. Ziemlich schwer, wenn man sich in einem Raum voller Menschen auf dem Boden niederlassen will. Bitte nie jemanden, dir eine Speise zu reichen und dich somit zu bedienen, und iss nur mit der rechten Hand. Okay, ich würde meine rechte Seite in Reichweite des Tablettes platzieren müssen, ohne die anderen acht Personen anzustoßen, die sich zum Essen dicht um die *Fou'alla* (Schale) drängten. Zeige niemandem deine Fußsohlen. Schuhlos und eingepfercht auf dem Fußboden schien es keine menschenmögliche Körperhaltung zu geben, in der ich sitzen konnte, ohne irgendeine Regel zu brechen – oder einen Teil meines Körpers. Ich begann mich zu fragen, warum in unserer Missionarsausbildung kein Yogatraining enthalten gewesen war. Unsere ungelenken Versuche waren, sagen wir einmal, alles andere als graziös.

Sobald wir in Position waren, versuchten wir, den Schmerz in unseren Beinen zu ignorieren, die unter uns einschliefen, und wandten uns der Aufgabe des eigentlichen Essens zu. Unsere Gastgeber saßen auf dem Boden und aßen alles, inklusive körnigem Reis und glitschigen Nudeln, äußerst ordentlich und mühelos ohne die Hilfe von Tellern, Gabeln oder Löffeln. Selbst die Frauen, die einen Gesichtsschleier trugen, schafften es, ihre Mahlzeit zu genießen, ohne dass auch nur ein einziger Tropfen auf ihrer Kleidung landete. Wir andererseits wirkten wohl so, als hätten wir noch nie gegessen. Bei all dem Essen, das auf unserem Schoß landete, gaben wir gewiss ein jämmerliches Bild ab. Ich glaube, ich schaffte es sogar, die Dame neben mir zu bekleckern. Wie sollten unsere muslimischen Nachbarn je auf eine Botschaft hören, die ihnen von erwachsenen Leuten weitergesagt wurde, die nicht einmal ordentlich mit den Händen essen konnten?

Meine Familie ist ein lebendiges Zeugnis dafür, dass Gott jeden gebrauchen kann. So peinlich es auch war, so ahnungslos in unserer neuen Nachbarschaft dazustehen, entschärfte es doch die Angst, die die Menschen vor uns hatten. Es war genau unsere Ungeschicklichkeit, die behutsam die Tür zu ihren Herzen öffnete. Wir wurden zum Nachbarschaftsprojekt. Jemand musste dieser hilflosen amerikanischen Familie helfen. Und was die Warnungen der *Mutawwas* betraf: Wenn das das Beste war, was die Christen zur Zerstörung ihrer islamischen Gesellschaft schicken konnten, dann gab es gewiss nichts zu befürchten.

Unsere Nachbarn nahmen uns unter ihre Fittiche und begannen, uns zu unserer »Besserung« anzuleiten, nicht nur in Tischmanieren, sondern auch in anderen Bereichen. Sie brachten mir bei, wie man richtigen Kaffee und traditionelle Gerichte kocht. (Ich glaube, das geschah teilweise, um mir zu helfen, und teilweise, damit sie »anständiges Essen« genießen konnten, wenn sie uns besuchten, was oft geschah.) Die Männer erklärten Mike, wie die Sache mit dem Feilschen funktioniert, damit er auf dem Markt nicht zu viel bezahlen musste. (Als weißem Abendländer werden ihm immer noch überhöhte Preise berechnet, aber längst nicht so viel wie einem ungelernten weißen Abendländer.) Die Frauen zeigten mir, wie ich meinen Schleier wickeln muss, damit er mir nicht ständig vom Kopf rutscht. Sie erklärten uns, wie wir mit den verschiedenen gesellschaftlichen Situationen umzugehen haben, beantworteten uns unsere vielen Fragen und gaben uns Ratschläge.

So peinlich es auch war, so ahnungslos in unserer neuen Nachbarschaft dazustehen, entschärfte es doch die Angst, die die Menschen vor uns hatten.

Unsererseits gaben wir ihnen, was wir zu bieten hatten. Mike half den Männern bei Reparaturen an Autos und im Haus (und nur der Umstand, dass sein sämtliches Werkzeug in Amerika war, rettete ihn davor, der Nachbarschaftshandwerker zu werden). Er beschnitt die Bäume, damit alle im Schatten darunter parken konnten statt in der sengenden Sonne. Wir halfen den Kindern, die mit Fragen zu ihren Englischhausaufgaben zu uns kamen. Unser Sohn Tim freute sich, seine Schaukel und Spielzeuge mit ein paar Dutzend Spielkameraden teilen zu können. Da ich die einzige Frau in der Nachbarschaft war, die einen Führerschein hatte, konnte ich die Damen zum *Souk* (Markt) oder Krankenhaus chauffieren oder zu einer Freundin, die zu Fuß nicht zu erreichen war. Kurz gesagt, wir wurden Freunde.

Mit einem Araber befreundet zu sein bedeutet Besuche. Sie besuchen uns. Wir besuchen sie. Wenn man keinen persönlichen Besuch machen kann, ruft man an und »besucht« den anderen am Telefon. Es gibt sogar verschiedene Tageszeiten, zu denen man verschiedene Personen besucht. In unserer kleinen Stadt besuchten die Frauen einander vormittags zu einer verabredeten Zeit zwischen der Hausarbeit und dem Kochen der Mittagsmahlzeit. Besuche zwischen Männern und Familien fanden am Abend zwischen den letzten beiden Gebetsrufen des Tages statt. Andere zu besuchen bedeutete, sie zu ehren, denn man musste den Weg zu ihnen auf sich nehmen. Sie wiederum ehrten den Besucher durch Gastfreundlichkeit. Für uns wurden die Besuche zum Hauptbestandteil unserer Missionsarbeit.

Ich meine, was genau tut man bei einem Besuch (außer essen)? Man sitzt da und hört zu. Man lernt die anderen kennen. Man redet! Mit unseren Nachbarn zu reden, war genau das, was wir tun wollten, und jetzt erwartete man es sogar regelmäßig von uns.

Gott hatte für diese Kultur eine Tür zu enormen Möglichkeiten geöffnet, und wir gingen einfach hindurch. Unter den vielen Diskussionen über Schulen, Inflation, Hochzeiten, Kochen, Politik, Gesundheit und alles andere führten wir auch zahllose Gespräche über geistliche Dinge. Es war unser großes Vorrecht, die ersten Christen zu sein, die die meisten unserer muslimischen Nachbarn kennenlernten, und wir wollten absolut das Beste daraus machen. Während unserer ersten Jahre lernten wir, so viel wir konnten, darüber, was unsere Freunde glaubten und warum. Sie wiederum wollten

Gott hatte für diese Kultur eine Tür zu enormen Möglichkeiten geöffnet, und wir gingen einfach hindurch.

alles über uns wissen. Wir sagten bei jeder sich uns bietenden Gelegenheit das Evangelium weiter, und es gab viele Gelegenheiten. Die Muslime sprachen sogar untereinander über das Evangelium. Eine Frau nahm ein Exemplar des Jesus-Films von uns an und lud einige Freundinnen in ihren *Madschlis* ein, um sich den Film gemeinsam anzuschauen. Eine andere ließ sich eine Bibel in Hörspielversion schenken und hörte sie sich zusammen mit ihrer morgendlichen Besuchsgruppe an. Wer hätte zu träumen gewagt, dass es so gehen würde?

Einmal gab uns ein anderer christlicher Missionar einen arabischen Aufsatz mit dem Titel »Was der Koran über die Bibel und Jesus sagt«, der im Internet zirkulierte. Er war dazu gedacht, das Interesse von Muslimen an der Bibel zu wecken. Da wir die Sprache noch nicht gut beherrschten, gaben wir den Artikel unserer Freundin Habiba und baten sie, uns zu sagen, ob etwas Interessantes darin stand – und ob das, was darin stand, auch stimmte. Offenbar war die Antwort auf beide Fragen Ja, denn sie nahm den Artikel mit zu den örtlichen religiösen Lehrern, um ihn sich erklären zu lassen.

In ihrem eigenen Koran hatte sie tatsächlich gelesen, dass es in Sure 6,114-115 heißt, dass die Bibel Gottes Wort ist, das »von deinem Herrn mit der Wahrheit herabgesandt worden ist«, dass sie nicht angezweifelt werden sollte und dass niemand sie ändern kann. Doch jeder Muslim wird gelehrt zu glauben, dass die Bibel verändert und verfälscht wurde. Warum? Nun, von unserem Standpunkt aus ist der Grund, dass Mohammed selbst meinte, seine Lehren stimmten mit der Bibel überein. Oder wenigstens mit dem, was er darüber gehört hatte, denn er selbst war Analphabet. Und wie viele seiner Anhänger im sechsten Jahrhundert hatten schon eine

Bibel, anhand derer sie seine Lehre prüfen konnten? Erst als genügend Menschen Bücher kaufen und selbst lesen konnten, entstand die Notwendigkeit, die gegensätzliche Natur der Heiligen Schrift und des Koran zu erklären. Damit kam unter den Muslimen auch die Lehre auf, die Bibel sei irgendwann in der Geschichte verfälscht worden – obwohl solch eine Aussage die Lehre des Koran selbst leugnet.

Solche Unwahrheiten halten sich hauptsächlich aufgrund von Unwissenheit. Uns ging es ja nicht anders: Wenn wir die Verse selbst nachgeschlagen hätten, wäre uns die Frage vielleicht gar nicht aufgefallen, denn die meisten englischen Übersetzungen des Koran wurden inzwischen »angepasst«, um das Dilemma zu umgehen, das solche Verse darstellen. Doch Habiba war Araberin, die den arabischen Text lesen konnte, und sie konnte nicht leugnen, was dort stand. Wie hatte sie das übersehen können – so oft, wie sie den Koran schon gelesen hatte? Noch weitere Probleme wurden in dem Artikel angesprochen, und sie beschloss, damit in ihre örtliche Moschee zu gehen und um Rat zu fragen. Es musste eine Erklärung dafür geben.

Als fromme Muslima machte Habiba ihrer angesehenen Familie alle Ehre und war stolz auf ihr Erbe. Sie hatte keinen Zweifel daran, dass der religiöse Lehrer eine einfache Antwort auf all das haben würde. Doch stattdessen wurde er wütend auf sie. Er zerriss die Seiten vor ihren Augen und befahl ihr, nach Hause zu gehen und zu vergessen, was sie gelesen hatte. »Gute Muslime lesen solchen Schund nicht«, sagte er. Sie war entsetzt darüber, wie er reagierte und sie behandelte. Sie war eine gute Muslima. Es war ihr tiefer Glaube an den Islam, der sie auf der Suche nach Hilfe zu ihm geführt hatte. Sie war aber auch intelligent und erkannte seine extreme Reaktion als Hilflosigkeit: Er hatte keine Lösung für das Problem. Das hatte eine tiefgreifende Wirkung auf Habiba.

Als sie von ihrem Erlebnis erzählte, sagte sie entschlossen zu uns: »Ich werde nie vergessen, was auf diesen Blättern stand!« Statt ihr Interesse zu dämpfen, wuchs ihr Eifer, ihren islamischen Glauben als wahr zu beweisen, durch dieses Ereignis nur noch. Habiba und zwei ihrer Schwestern wurden meine besten Freundinnen in der Nachbarschaft. Sie waren es, die damit begannen, mich spätabends zu sich zu rufen und mich darum zu bitten, »die Bücher mitzubringen«. Obwohl ihr Motiv war, die Wahrheit des Islam zu erklären und zu bestätigen, waren sie ebenso begierig zuzuhören wie zu reden.

In ihren Bemühungen, ihre Religion zu verteidigen, untersuchten meine Freundinnen unabsichtlich auch die Grundlage für ihren eigenen, persönlichen Glauben. Was glauben Muslime? Und warum genau glauben sie es? Folgten sie einfach dem natürlichen Kurs der Konformität mit der Familie und dem Glaubenssystem der Gesellschaft, oder gab es zwingende Beweise für den Islam? Ich meinerseits ließ sie, wenn ich über einen Bibelvers sprach, ihn direkt laut aus der arabischen Bibel vorlesen. Das sparte nicht nur Zeit und verhinderte, dass ich aufgrund meiner mangelnden Arabisch-Kenntnisse den Text entstellte, sondern erlaubte ihnen auch, Gottes Wort mit eigenen Augen zu sehen. Ich unterstrich meine Aussagen mit persönlichen Beispielen, wie Gott und sein Wort in meinem eigenen Leben und im Leben meiner Familie und Freunde wirkte. Die Freiheit, mit der ich von meinem Glauben reden konnte, war unglaublich. Wir stellten fest, dass nahezu alle unsere Nachbarn offen für tiefergehende geistliche Gespräche waren.

Diese Offenheit, die Gott geschaffen hatte, war nicht nur auf unsere Nachbarschaft begrenzt. Eines Morgens war ich auf der Suche nach einigen Küchengeräten in einem kleinen

Geschäft, das von einem iranischen Muslim geführt wurde. Er half mir rasch mit meinen Einkäufen und fragte nervös: »Sind Sie Christin?« Ich konnte kaum antworten, bevor er mit dem Rest seiner Frage herausplatzte: »Können Sie mir eine Bibel besorgen?«

Eines Tages stieg Mike in ein Taxi und der Fahrer fragte ihn: »Sind Sie Christ?« (Das ist übrigens kein üblicher Gesprächseinstieg in der islamischen Welt!) Es stellte sich heraus, dass der Taxifahrer ein in Jerusalem geborener Araber war. Als junger Mann war er zum Judentum konvertiert. Nach einiger Zeit kam er zu dem Schluss, das Judentum sei »es« nicht, und schloss sich der orthodoxen Kirche an. Später distanzierte er sich vom Christentum und wurde Muslim. Schließlich – enttäuscht von allem, was er ausprobiert hatte – hatte er beschlossen, die Religion ganz und gar zu umgehen und »direkt« zu Gott zu gehen. Aber wie? Nachdem er an seinem Ziel angekommen war, blieb Mike noch eine dreiviertel Stunde in dem Taxi sitzen, um ihm zu erklären, wie er »direkt« zu Gott kommen konnte. Hinterher sagte der Fahrer: »Wenn das so ist ... das gefällt mir! Danke, dass Sie mir die Augen dafür geöffnet haben.«

Eine Geschichte aus der jüngeren Vergangenheit illustriert ebenfalls, was Gott heute im Herzen von Muslimen tut. Ich war unterwegs zu Weihnachtseinkäufen in einem der vielen Einkaufszentren in der großen Stadt, die ein ganzes Stück von unserem Wohnort entfernt liegt. An der Kasse machte der junge muslimische Kassierer einen Fehler und berechnete mir zu wenig. Obwohl er es nicht bemerkt hatte, wies ich ihn um meiner eigenen Aufrichtigkeit willen darauf hin. Zuerst lächelte er, als wollte er sagen: »Wie dumm kann man denn nur sein?« Doch dann wurde sein Gesichtsausdruck weicher und nachdenklich, und er dankte mir. »Kein Problem«, erwiderte ich fröhlich und versuchte nicht einmal, ihm vor all den anderen muslimischen Angestellten ein Zeugnis meines Glaubens zu geben oder einen Bibelvers weiterzusagen. Mein weißes, ausländisches Gesicht verriet ihm, dass ich wahrscheinlich »Christ« war – ganz zu schweigen davon, dass ich gerade mehrere Rollen billiges chinesisches Weihnachts-Geschenkpapier gekauft hatte. Als ich kurz darauf die Einkaufstaschen ins Auto lud, merkte ich, dass ich Durst hatte, und machte eine mentale Notiz, bei meiner nächsten Station im Supermarkt Wasser zu kaufen. Doch der Heilige Geist unterbrach meinen Gedankengang und sagte: *Geh zurück und kauf dein Wasser hier.* Mein erster Gedanke war: *Was? Hast du etwas gegen den Supermarkt?* Trotzdem schloss ich das Auto ab und ging gehorsam zurück ins Geschäft, um das Wasser zu kaufen.

Als ich mit meiner Flasche in der Hand an die Kasse trat, schnitten mir zwei muslimische Männer, die als Zeichen ihrer Frömmigkeit Gebetskappen trugen, den Weg ab und luden ihre zahlreichen Einkäufe auf den Kassentisch. Ich hatte nur einen einzigen Artikel in der Hand! Die Amerikanerin in mir wollte ausrufen: *Ich wurde in Freiheit geboren! Ihr dürft euch nicht vordrängeln!* Die Christin in mir dachte: *Wie kann ich diese Situation als Möglichkeit nutzen, ihnen Gottes Liebe zu zeigen?* Mit dem Gedanken, dass mir niemand etwas wegnehmen kann, was ich ihm freiwillig gebe, verzichtete ich mit einem fröhlichen »Tfaddalu« (»Bitte sehr«) auf meine Rechte und bot ihnen damit den Vortritt an. *Die Liebe ist nicht überheblich … die Liebe ist geduldig … die Liebe ist nicht selbstsüchtig*, ermahnte ich mich. Die Männer antworteten mit einem verächtlichen Blick, der zu sagen schien: »Schätzchen, wir kommen vor dir dran, ob du nun tfaddalu sagst oder nicht.«

Obwohl sie von meinem Versuch, barmherzig zu sein, völlig unbeeindruckt blieben, hatte Gott doch einen Grund für das alles. Da ich warten musste, bis sie bezahlt hatten, dauerte es noch eine Weile, bis ich das Geschäft verlassen konnte. Das gab dem jungen muslimischen Kassierer, bei dem ich beim ersten Mal bezahlt hatte, Zeit, in die Pause zu gehen, das Geschäft zu verlassen und die Straße hinunterzugehen. Als ich endlich für das Wasser bezahlt hatte, ins Auto gestiegen und losgefahren war, sah ich, dass der junge Mann auf mich wartete. Außer Sichtweite von anderen Muslimen winkte er mir zu. Ich fuhr rechts heran und ließ das Fenster herunter. »Kann ich Ihnen helfen?«

Seine Antwort traf mich völlig unvorbereitet: »Ja. Ich bin Muslim, aber ich möchte Christ werden. Können Sie mir sagen wie?«

Als ich ihn später mit Mike bekannt machte, erklärte der junge Ahmad, was ihm auf dem Herzen lag. »Ich bin Muslim, und ich weiß, dass wir Muslime nicht ehrlich sind. Wir sind korrupt. Doch alle Christen, die ich kenne, sind wie Ihre Frau. Sie sind alle ehrlich. Ich möchte Christ werden.«

Diese Geschichten, so wie Hunderte anderer, sind ein Zeugnis dafür, dass dieses Erntefeld nicht mehr der unfruchtbare, steinige Boden von früher ist. Gott hat den brachliegenden Boden aufgebrochen und die Erde vorbereitet. Die Gebete seiner weltweiten Gemeinde haben den Boden gepflügt. Der Schweiß und die Tränen von Generationen treuer Zeugen haben ihn bewässert. Die gemeinsamen Anstrengungen des Leibes Christi über Jahrhunderte und Ländergrenzen hinweg haben den Samen ausgestreut. Die Beter, Missionare, Zeltmacher, Übersetzer, Produzenten von evangelistischen Materialien und Medien, die Sender von christlichen Programmen ebenso wie diejenigen, die durch ihre Firmen, Internetseiten, Chatrooms, sportmissionarischen Veranstaltungen und eine Menge anderer Mittel Gottes Licht verbreiten,

Außer Sichtweite von anderen Muslimen winkte er mir zu. »Ich bin Muslim, aber ich möchte Christ werden. Können Sie mir sagen wie?«

tragen zu der heranwachsenden Ernte bei. Alle sind Teil eines Bildes, das zu groß ist, um es aus einem einzigen Blickwinkel in seiner Ganzheit sehen zu können. Und so sollte es auch sein, damit die Ehre für die Ernte keinem zufällt außer Gott.

Zum Schluss bitte ich euch, liebe Brüder, für uns zu beten. Betet vor allem, dass die Botschaft Gottes sich rasch ausbreitet und überall, wo sie hinkommt, gut aufgenommen wird (...). Und betet auch, dass wir vor boshaften und schlechten Menschen geschützt werden, denn nicht alle glauben an den Herrn.

2. Thessalonicher 3,1-2

2. Mit der Angst umgehen

Es hatte wie ein ganz normaler Anruf geklungen. Wie eine ganz normale Einladung. »Komm am Donnerstag um neun zu uns«, hatte Mozi gesagt. Mike würde dann inzwischen daheim sein, um auf die Kinder aufzupassen, also war er einverstanden. Wir hatten keinen Verdacht.

In diesen ersten Jahren waren wir fest in die Nachbarschaft hineingewachsen. Wir gingen in den Häusern der anderen ein und aus und sie in unserem. Mozi hatte mich schon oft noch spät am Abend eingeladen, ebenso wie viele andere Frauen. Nachdem das Tagwerk getan war, die letzten Gebete verrichtet und die Spuren des Abendessens beseitigt waren, hatten die Frauen Zeit für sich. Früher am Tag, während der »regulären« Besuchszeiten, waren manchmal mehrere Gäste im Haus, und dann war es schwierig, tiefgründige Gespräche zu führen. Doch nach neun war alles ruhig. Manchmal redeten wir stundenlang, oft über geistliche Dinge.

Mozi und ihre sieben anderen weiblichen Verwandten, die bei ihr im Haus lebten, waren mir besonders ans Herz gewachsen. Wir hatten unzählige Stunden gemeinsam zugebracht, hatten uns gegenseitig besucht, uns unterhalten und einfach gelebt. Mike und ich genossen ein solches Vertrauen bei dieser Familie, dass sie uns erlaubt hatten, einige der Frauen in eine zwei Stunden Autofahrt entfernte Stadt zu fahren und mit ihnen das Fastenbrechen nach dem Ramadan im Haus von Verwandten zu feiern. Ein anderes Mal hatte ich die ausgesprochene Ehre, eine Gruppe von ihnen zu ihrem ersten Essen in ein Restaurant zu entführen –

Als Mozi mich an jenem Abend anrief, gab es überhaupt keinen Grund, eine Falle zu vermuten.

ganz ohne männliche Eskorte! Sie waren so aufgeregt gewesen wie Abiturientinnen vor dem Abschlussball. Hilma, die bis auf die Augen komplett verschleiert war, warf immer wieder verstohlene Blicke über den Rand ihrer Speisekarte auf die verschiedenen Restaurantgäste um sie herum. Ich kannte diese Frauen und sie kannten mich. Ich hatte sie sehr gern. Als Mozi mich an jenem Abend anrief, gab es überhaupt keinen Grund, eine Falle zu vermuten.

Vielleicht wären wir misstrauisch gewesen, wenn wir mehr über die männlichen Mitglieder der Familie gewusst hätten. Doch Gott in seiner Souveränität hatte dafür gesorgt, dass Mike Beziehungen zu anderen Männern in der Nachbarschaft aufgebaut hatte. Trotz meiner häufigen Besuche kannte auch ich die männlichen Verwandten nicht, die im Haus lebten – schlichtweg, weil es als indiskret galt, nach ihnen zu fragen. Die kulturelle Konvention kannte keinen Grund, warum eine Frau sich für die Männer einer anderen Familie interessieren sollte. Doch diese Männer wussten über mich Bescheid.

Aber eigentlich war gar nicht ich das Problem oder meine Familie. Es war Gott. Die Gute Nachricht hatte sich ausgebreitet und Gott hatte verschiedenen Menschen seine Wahrheit auf unterschiedliche Art und Weise bestätigt. Als Gott für zwei Mitglieder ihres Haushaltes eine dramatische Gebetserhörung schenkte, waren Mozis männliche Verwandte nicht dankbar – sie waren aufgebracht.

Zwei von Mozis Schwestern hatten *Dschinns* (Wüstendämonen) in sich, und nichts, was der Islam zu bieten hatte, konnte diese Dämonen austreiben. Drei Monate lang hatte die Familie die Mädchen zur Behandlung zu verschiedenen *Mutawwas* gebracht. Diese Männer gelten als religiöse Experten, und sie bieten ihren muslimischen Glaubensgeschwistern geistlichen Rat an – gegen Bezahlung. Die Mädchen ließen die Zaubertränke und »Behandlungen« von sieben verschiedenen *Mutawwas* über sich ergehen, und die Familie zahlte ein kleines Vermögen dafür, doch nichts half. In Kapitel sechs erzähle ich die ganze Geschichte; hier soll es genügen, zu sagen, dass die Mädchen am Ende durch ein Gebet in Jesu Namen von den *Dschinns* befreit wurden. Es war wie beim Gottesurteil auf dem Berg Karmel, dem Wettstreit zwischen Elias Gott und den Baalspropheten. Wie Elia sagte: »Ruft ihr den Namen eures Gottes an, und ich werde den Namen des Herrn anrufen. Der Gott, der mit Feuer antwortet, ist der wahre Gott!« (1. Könige 18,24). Als Gott das Gebet der Christen erhörte und die Mädchen befreite, erschütterte das die Welt dieser Familie von Grund auf.

Es war nicht anders als zu der Zeit, als Jesus auf dieser Erde lebte: Sein Wirken spaltete das Volk. Manche glaubten und fühlten sich von ihm angezogen; andere wurden wütend und reagierten aggressiv. Einer der Männer in Mozis Haushalt, der schließlich auch aggressiv wurde, arbeitete zu allem Überfluss für die *Special Intelligence Agency* (SIA) – die Geheimpolizei.

> *Es war so wie zu der Zeit, als Jesus auf dieser Erde lebte. Sein Wirken spaltete das Volk. Manche glaubten und fühlten sich von ihm angezogen; andere wurden wütend und reagierten aggressiv.*

Der Donnerstagabend kam. Nach dem Abendessen brachten wir die Kinder wie gewohnt zu Bett. Unser zweites Kind, die dreijährige Lydia, war mittlerweile alt genug, um mit uns zu beten, bevor ich zu meinem Besuch aufbrach. Wir hatten es uns zur Gewohnheit gemacht, füreinander zu beten, bevor wir zu einem Termin aus dem Haus gingen, bei dem wir unter Umständen Gelegenheit hatten, von Jesus zu erzählen.

Kurz nach neun traf ich an Mozis Haus am Ende der Stadt ein. Seltsam, es war sehr still. Wenn ich sonst zu Besuch kam, liefen drinnen zumindest die Fernseher, tobten Kinder über den Hof, kamen einige der Frauen zum Tor, um mich zu begrüßen.

An jenem Abend bestand das Begrüßungskomitee offenbar lediglich aus Dschamila, der uralt aussehenden Beduinengroßmutter. Trotz ihres Alters war Dschamila ein Feuerwerk aus Schlagfertigkeit und herzlichem Lachen. Doch heute war sie weder fröhlich noch gesprächig, sondern eher kleinlaut, und sie schaute ständig auf den Boden statt in mein Gesicht. Als sie sich entschuldigte, dass Mozi und die anderen nicht zu Hause seien, versicherte ich ihr, dass ich genauso gern mit ihr zusammen war. »Kein Problem! Du kannst mir ein paar tolle Geschichten aus den alten Zeiten erzählen«, schlug ich vor. Wir gingen in den *Madschlis* der Frauen und ließen uns auf dem Teppich nieder. Statt mir gegenüber saß Dschamila neben mir, die Tür im Blick. Das erschien mir seltsam, doch ich vermutete noch immer nichts Böses. Zwei Minuten später flog die Tür auf.

Ein Mann platzte ins Zimmer. Ein Mann. Im *Madschlis* der Frauen! In meinem Kopf schrillten die Alarmglocken. Das passiert normalerweise nicht. Etwas ist nicht in Ordnung. Der Mann war ganz offensichtlich aufgebracht. Kurz vor dem Explodieren. Seine Fäuste waren geballt und sein Atem ging heftig. Beim Anblick seines Gesichtsausdrucks verkrampfte sich mein Magen und meine Hände begannen zu schwitzen. Etwas Böses schien in den Raum zu strömen, schmutzig und verunreinigend. Es schlug wie eine Welle über mir zusammen und ich begann, am ganzen Leib zu zittern. Zwei Stunden lang zitterte ich von Kopf bis Fuß. Die Angst war so intensiv, dass ich meinte, ich müsse mich übergeben – und ich musste immer wieder schlucken, damit das nicht geschah.

In meinem Kopf schrillten die Alarmglocken. Das passiert normalerweise nicht. Etwas ist nicht in Ordnung.

O Gott, bitte hol mich hier raus. Ich habe Angst vor diesem Mann – und diesem bösen Geist. Bitte hol mich hier raus und bring mich wieder sicher nach Hause.

Gott schien mir zu antworten: *Bin ich dein Diener, der deinen Willen tut, oder gehörst du mir?*

Ich gehöre dir.

Dann bleib hier. Ich habe durch dich etwas zu diesem Mann zu sagen.

Ich konnte nur denken: *Hoffentlich muss ich nicht lange bleiben.*

Der Mann setzte sich mir gegenüber auf den Boden, absichtlich nah und einschüchternd. Seine Knie berührten meine beinahe, und er beugte sich vor, bis sein Gesicht dicht an meinem war. Er kochte innerlich, aber sein Ton war beherrscht und wohlüberlegt. »Also. Sind Sie Muslim?«

Ich schluckte gegen die wieder aufsteigende Übelkeit an. »Nein. Sie?«

Er ließ die Höflichkeitsfloskeln sein und kam zur Sache. »Ja, Gott sei Dank! Und ich sage Ihnen, warum das auch für Sie besser wäre …« Die nächsten zwei Stunden lang beschrieb er in allen Einzelheiten das Leid und die Folter, die meine Familie und ich dafür verdienten, dass wir versuchten, Muslime von ihrer Religion abzubringen. Er stieß Drohungen aus, auch sexuelle Drohungen, und ich wandte den Blick Dschamila zu. Gott segne sie, sie wich nicht von meiner Seite, doch ihre Augen waren immer noch unnachgiebig auf den Boden gerichtet. Sie schämte sich zutiefst, dass solche Dinge in ihrem Haus und mit ihrer Freundin geschahen, doch sie war machtlos dagegen.

Ich hatte keine Ahnung, ob dieser Mann vorhatte, seine Drohungen wahr zu machen, ob gar noch andere wie er in der Nähe warteten, oder ob man mich irgendwohin wegbringen würde. Meine Gedanken gingen zu meiner Familie daheim. Waren andere wütende Muslime in einer koordinierten Aktion gegen uns heute Abend zu unserem Haus gegangen? Tat man meiner Familie womöglich bereits das Leid an, das er beschrieben hatte? Würde ich sie wiedersehen?

Später sollte ich erfahren, dass der Name meines Peinigers Hamdan und er einer von Dschamilas Söhnen war, ein Bruder des SIA-Agenten. Er war so bekannt für sein explosives Temperament, dass die Erwachsenen in der Stadt seinen Namen benutzten, um ungehorsame Kinder einzuschüchtern: »Ihr macht jetzt, was wir sagen, oder wir rufen Hamdan al Aziz, und dann nimmt er sich euch vor!«

Aus irgendeinem Grund gab mir Hamdan an jenem Abend drei Gelegenheiten zu sprechen. Es war so, wie es in der Bibel steht: »Macht euch keine Sorgen, was ihr zu eurer Verteidigung sagen sollt, denn Gott wird euch zur rechten Zeit die rechten Worte in den Mund legen« (Matthäus 10,19). Gott hatte diesem Mann tatsächlich etwas zu sagen, und als er es sagte, machte es sichtlich tiefen Eindruck auf Hamdan.

Es war so, wie es in der Bibel steht: »Macht euch keine Sorgen, was ihr zu eurer Verteidigung sagen sollt, denn Gott wird euch zur rechten Zeit die rechten Worte in den Mund legen.«

Mein Arabisch war damals nicht besser als heute, und Hamdan benutzte viele Wörter, die ich noch nie gehört hatte. Dschamila flüsterte mir »Untertitel« in einfacherem Arabisch zu, um mir zu helfen. Plötzlich hielt er inne und herrschte mich an: »Was sagen Sie dazu?«

In dem Augenblick fiel mir eine sehr klare Erwiderung ein. Ich wusste, dass sie von Gott kam, denn mir selbst wäre sie nie in den Sinn gekommen. »Herr Hamdan, wenn das, was Sie sagen, wahr ist – dann muss ich auf der Stelle Muslim werden.«

Meine Antwort schien ihm etwas den Wind aus den Segeln zu nehmen. »Das sage ich ja die ganze Zeit. Sie müssen auf der Stelle Muslim werden.«

»Ich habe nur eine Frage. Wie kann ich sicher sein, dass der Koran wahr ist? Mein Leben lang habe ich geglaubt, dass die Bibel Gottes Wort ist. Ich habe sie schon oft gelesen und nie etwas Unwahres darin gefunden. Alles, was sie vorhersagt, trifft ein. Die Prinzipien, die sie lehrt, funktionieren. Wenn ich ihnen gehorche, empfange ich den Segen, den die Bibel verspricht, und wenn ich sie breche, bekomme ich die Konsequenzen zu spüren. Ich habe sogar erlebt, dass meine Gebete erhört wurden. All diese Dinge scheinen zu beweisen, dass die Bibel Gottes Wort ist. Wenn also der Koran wirklich Gottes Wort ist, dann muss er sogar noch bessere Beweise liefern, oder? Ich möchte nicht in die Hölle kommen oder die Strafen erleiden, die Sie beschreiben. Woher kann ich ganz sicher wissen, dass der Koran wirklich die Wahrheit ist?«

»Sie wollen wissen, welche Beweise wir haben, dass der Koran Gottes Wort ist? Sie wollen das wissen? Ich sage es Ihnen. Sie wollen es wissen?« Er lehnte sich zurück und zeigte mit dem Finger auf mich. »Sie wollen wissen, warum ich glaube, dass der Koran Gottes Wort ist?«

Genau genommen hatte ich ihn nicht nach seinem persönlichen Glauben gefragt – war es der Heilige Geist, der in diesem Moment die innersten Gedanken dieses Mannes lenkte?

»Ich werde es Ihnen sagen. Wollen Sie es wissen?« Jetzt stach er mit dem Finger in den Teppich, als ob er einen bestimmten Punkt unterstreichen wollte – doch der Punkt kam nicht. Ihm fiel kein einziger Beweis für die Gültigkeit des Korans ein; vielleicht fühlte er sich auch von der plötzlichen Wendung der Situation aus der Bahn geworfen. Jedenfalls lenkte er die Aufmerksamkeit weg von sich zurück auf mich und rief aufgebracht: »Sie reden im Kreis!«

Im Kreis reden? Hier saß eine Person, die angeboten hatte, Muslim zu werden, wenn sie Beweise erhielt, dass der Koran wahr ist. Die meisten meiner muslimischen Freunde erfinden einfach Beweise. Der Zweck heiligt die Mittel. Wenn eine Geschichte Menschen dazu bringt, den Islam anzunehmen, was spielt es dann schon für eine Rolle, ob sie wahr ist oder nicht? Selbst die Zeitungen drucken Geschichten über angebliche »Beweise«, um die Massen dazu zu bewegen, dem Islam treu zu bleiben. Eine handelte von einem Mädchen, das sich weigerte, die rituellen Salaat (Gebete) zu vollziehen – und in einen Hund verwandelt wurde. Zeugen sahen ein Baby aus dem Mutterleib kommen, das den Koran rezitierte. Ein Mann schnitt eine Melone auf, und die Kerne darin bildeten das Wort »Islam«. Aber Hamdan fiel nichts ein.

Mein Körper zitterte immer noch vor Angst, doch in meinem Herzen spürte ich Hoffnung. Hatte Gott vor, die Seele dieses Mannes zu retten? Es war offensichtlich das erste Mal, dass Hamdan je seinen eigenen Glauben hinterfragte. Wir sprachen hier über ewiges Leben oder ewigen Tod. Worauf genau setzte er sein Vertrauen und warum? Ich wäre viel zu verängstigt gewesen, um ihm diese Fragen entgegenzusetzen, doch Gott wusste, wie er Hamdan dazu bringen konnte, sie sich selbst zu stellen. Und er tat es in einer Art und Weise, die mich von der »Feindesliste« strich und auf Hamdans Seite stellte. Immerhin: Wenn der Koran wirklich wahr und die Bibel unwahr war, sollte ich Muslima werden. Es war genial!

Ich wäre viel zu verängstigt gewesen, um ihn mit diesen Fragen herauszufordern, doch Gott wusste, wie er Hamdan dazu bringen konnte, sie sich selbst zu stellen.

Ein zweites Mal forderte mich Hamdan zum Sprechen auf, nachdem er behauptet hatte, die Bibel sei im Lauf der Zeit von bösen Menschen verfälscht worden und dass Mohammed gesandt worden sei, um der Menschheit stattdessen den Koran zu geben. Mir kam eine Frage in den Sinn, die ich in eine Geschichte verpackte.

»Herr Hamdan, nehmen wir einmal an, auf der Straße ereignet sich ein Autounfall und vierzig Personen sehen ihn.

Sie alle berichten verschiedene Teile der Geschichte, und einige ihrer Zeugenaussagen überschneiden sich, doch wenn man alle zusammensetzt, ergibt sich die ganze Geschichte. Die Polizei fasst dann alle Aussagen zu einem einzigen Bericht zusammen und legt ihn in eine Akte im Polizeirevier. Dann kommt zwanzig Jahre später ein Mann mit einer anderen Akte zur Polizei und sagt: ›Diese Akte mit den ganzen Zeugenaussagen, die Sie haben, ist falsch. Ich weiß, was wirklich geschehen ist. Ich habe die echte Wahrheit.‹ Denken Sie, die Polizei würde ihm glauben und die Akten austauschen?«

Araber benutzen oft Geschichten, um etwas auszudrücken, was sie sagen wollen, und Hamdan hatte tatsächlich interessiert zugehört. »Natürlich nicht«, erwiderte er. »Was hat denn das damit zu tun?«

»Nun, ich frage mich einfach, warum meine muslimischen Freunde immer wieder sagen, die Bibel sei verfälscht. Die Bibel wurde über einen Zeitraum von 1 500 Jahren von vierzig verschiedenen Männern aufgeschrieben. Einige schrieben über eine Sache und andere über etwas anderes; manches überschnitt sich, doch wenn man alles zusammen liest, ist es eine vollständige Wahrheit. All diese Zeugenaussagen über all die Jahrhunderte hinweg haben übereingestimmt. Dann kommt ein Mann daher, Mohammed, und die gesamte arabische Welt gibt die alten Berichte auf, um dem Koran zu folgen. Warum?«

Der Abend verlief ganz anders, als wir alle es erwartet hatten. Gott hatte diesem Mann wirklich etwas zu sagen, und in seiner liebevollen Güte hatte er Hamdans Ohren behutsam dafür geöffnet.

Am Ende stand Hamdan auf, um zu gehen. Er hatte mich nicht angerührt. »Das letzte Wort ist …«, begann er. Indem er seinen Schlussbemerkungen diese Worte voranstellte, brachte er zum Ausdruck, dass er kein weiteres Gespräch erwartete. »Das letzte Wort ist, dass Sie geradewegs in die Hölle gehen, und dafür sind Sie selbst verantwortlich. Für immer.« Er hielt inne und schaute auf mich herab. »Letztes Wort.«

Obwohl ich wusste, was »letztes Wort« bedeutete, und gewiss nichts tun wollte, das seinen abgeflauten Ärger wieder erregte, kam mir noch ein allerletztes Wort in den Sinn. Ich wusste sofort, dass es von Gott kam und warum ich es sagen musste: »Danke.«

Zuerst erstarrte Hamdan. Dann schaute er mich ungläubig an. Fast flüsternd zischte er: »Was?!« Der verflogene Zorn machte nun Unglauben Raum.

»Nun, Sie haben soeben zwei Stunden Ihrer Zeit mit dem Versuch verbracht, mich zu überzeugen, Muslim zu werden, weil sie wirklich glauben, dass ich andernfalls in die Hölle komme. Also kann ich nur denken, dass Sie versuchen, meine Seele zu retten. Und dafür danke ich Ihnen.« Ich meinte, was ich sagte. Langsam zog sich Hamdan zur Tür zurück, schüttelte den Kopf und fuchtelte mit den Händen in der Luft auf und ab, als versuchte er, sich von mir wegzuschieben. Als er ging, ging der böse Geist mit ihm.

Sobald er verschwunden war, wollte ich nur noch auf und davon. Allerdings war mein Körper weich wie Butter. Dschamila musste mir aufhelfen, konnte mir aber immer noch nicht in die Augen sehen. Sie bat mich immer wieder um Vergebung und ich sagte ihr immer wieder, dass es nicht ihre Schuld war; ich wusste, dass sie und die anderen den Männern gehorchen mussten. Trotzdem fühlte ich mich tief in meinem Inneren betrogen, und es hatte wehgetan. Mehrere Wochen sollten vergehen, bevor ich die emotionale Kraft hatte, diese Frauen wieder zu besuchen. Doch ich wusste ja gar nicht, wie froh ich sein würde,

Es war der nächste Besuch, der den Ereignissen jenes Abends eine plötzliche und dramatische Wendung geben sollte, die keiner von uns erwartet hatte.

wieder zu ihnen zu gehen. Es war der nächste Besuch, der den Ereignissen jenes Abends eine plötzliche und dramatische Wendung geben sollte, die keiner von uns erwartet hatte.

Ich rannte zurück zu unserem Haus, und als ich hereinkam, war ich erleichtert und dankbar, meine Familie friedlich schlafend in ihren Betten vorzufinden. Mike ruinierte ich leider seinen wohlverdienten Schlaf, als ich ihn aufweckte und ihm heftig weinend die ganze Geschichte erzählte. Wir beteten eine ganze Weile miteinander und er tröstete mich. Doch nachdem ich so lange in der Gegenwart jenes schmutzigen Geistes gewesen war, musste ich erst einmal duschen und dann einige Stunden in der Bibel lesen, bis ich mich wieder »sauber« und sicher genug fühlte, um zu schlafen.

Mehrere Wochen später saß ich auf dem Boden in Mozis *Madschlis*, umgeben von allen Frauen der Familie (außer Dschamila, die gerade eine Nachbarin besuchte, als ich ankam). Wir plauderten über Kochrezepte und Nagellack, als sich die Tür öffnete und Hamdan hereinkam. Schnell wurde klar, dass er nicht gewusst hatte, dass die Frauen einen Gast hatten. Er durchquerte den *Madschlis* nur auf seinem Weg zum anderen Ende des Hauses. Wie anders er doch aussah! Hier im hellen Tageslicht und umgeben von Menschen war er weder wütend noch von jener bösen Gegenwart umgeben. Zum ersten Mal wurde mir klar, dass er tatsächlich ungefähr einen Kopf kleiner war als ich. Er sah beinahe jungenhaft aus. Plötzlich füllte Gott mein Herz mit Mitgefühl für ihn, und ich spürte, dass sein gewalttätiges Äußeres ein Schutz für die verängstigte Seele in ihm war. Beinahe wollte ich ihn in den Arm nehmen und ihm sagen, wie sehr Jesus ihn liebte.

Ich tat es nicht.

Einen Augenblick lang schien er unschlüssig, was er tun sollte. Dann trat er zwischen seine weiblichen Verwandten und ließ sich nieder. »Also, Reema, sind Sie schon Muslim geworden?«

Ich wollte ihm freundlich begegnen und erwiderte unbeschwert: »Nein, Herr Hamdan ... und sind Sie schon Christ geworden?«

Er lächelte aufrichtig. Dann stellte er eine Frage zur Bibel. Als Antwort schien es mir am besten, ihm die Geschichte zu erzählen, wie ich selbst eine *Mu'mina* (Gläubige) geworden war. Als ich geendet hatte, tätschelte Mozi mein Bein und fragte sehr ernst: »Ist diese Geschichte wahr?«

»Ja, sie ist wahr. Und Gott wird das Gleiche für dich tun, wenn du an seinen Sohn glaubst.« Wie oft schon hatte ich ihr diese Geschichte erzählt – doch dieses Mal schien sie sie zu berühren.

Hamdan erhob sich und nahm wieder seine gebieterische Haltung ein. »Reema!«

»Ja, Herr Hamdan.«

»Haben Sie diese Bibel auch auf Arabisch?«

»Ja, Sir.«

»Bringen Sie sie mir. Wenn ich nicht da bin, lassen Sie sie hier, und ich werde sie abholen. Ich will diese ›Bibel‹ sehen, die Sie da haben.« Er sagte es mit Geringschätzung, aber er bat um eine Bibel!

Am nächsten Tag wickelte ich eine arabische Bibel in ein Tuch und brachte sie zu Mozis Haus. Dschamila, die die Bitte nicht gehört hatte, war als Einzige daheim und nahm sie in Empfang, und dieser Umstand sollte später noch von Bedeutung sein. Da sie selbst Analphabetin war, wusste sie nicht, dass es sich um eine Bibel handelte. Ich gab ihr das Buch und sagte einfach, Hamdan hätte darum gebeten. Unsere Familie hatte schon früher Dinge für Mozis Familie besorgt, also hatte Dschamila keinen Grund, sich darüber zu wundern.

Einige Wochen später saßen Dschamila und ich bei einem Besuch bei ihrer kranken Nichte auf dem Boden eines Krankenhauszimmers. Wir plauderten über dies und jenes, als Dschamila das Buch erwähnte.

»Ach, übrigens – das Buch, das du für Hamdan gebracht hast – es gefällt ihm.«

Ich war verblüfft. Es gefällt ihm? Weiß sie, was sie mir da sagt? Es ist eine Bibel, um Himmels willen!

Dschamila sprach weiter und beschwerte sich beinahe über das Interesse ihres Sohnes an diesem Buch. »Es gefällt ihm sogar sehr. Wenn er von der Arbeit nach Hause kommt, tut er nichts anderes mehr, als in diesem Buch zu lesen, lesen, lesen!«

Seitdem hatten Mike und ich noch weitere positive Begegnungen mit Hamdan. Er hat heimlich Bibeln, Studienmaterial, christliche Medien und Literatur von uns angenommen und ist ein so veränderter Mensch, dass wir glauben, dass er insgeheim zum Glauben an Jesus gekommen ist. Mit einem breiten Lächeln schüttelt er Mike die Hand und stellt ihn anderen Muslimen als seinen Freund vor. Wenn wir die Familie besuchen, erweist uns Hamdan die Ehre, uns persönlich Essen von der großzügig gefüllten *Fou'alla* zu servieren. Wir hoffen, dass wir eines Tages die ganze Geschichte aus Hamdans Perspektive zu hören bekommen und erfahren, wie er selbst ein *Mu'min* geworden ist.

Bereits vor unserer Ankunft in Arabien hatte man uns vor der dort herrschenden Überwachung gewarnt. Es war besser, keine Aufmerksamkeit auf uns zu ziehen, denn jede christliche Aktivität könnte überwacht werden. Es könnte sein, dass man unsere Telefone abhörte, unsere Post las und unseren Müll durchwühlte. Tatsächlich kam ein Teil unserer Post mit einem Regierungsstempel an. Man ließ uns wissen, dass sie geöffnet und gelesen worden war. Müll verschwand aus unserer Tonne. Unsere Telefone wurden garantiert abgehört, bei all dem Klicken und den wirren Geräuschen, die im Hintergrund zu hören waren. Trotzdem waren nicht alle unsere Ängste begründet oder bewahrheiteten sich.

Einmal, während wir in einem Mietshaus wohnten, mussten wir uns einiges »sensiblen Materials« entledigen. Da wir nicht riskieren konnten, dass jemand es in unserem Müll fand und uns als christliche Missionare entlarvte, beschlossen wir, es zu verbrennen. Haben Sie schon einmal in einer Wohnung Feuer gemacht? So viel zum Thema »keine Aufmerksamkeit erregen«! Wir benutzten eine leere Kaffeedose im Spülbecken in der Küche, damit wir Wasser hatten, falls die Sache außer Kontrolle geriet. Sobald das Papier Feuer fing, erkannten wir unseren Fehler. Aus unserem Küchenfenster begann Rauch zu dringen. Passanten auf der Straße schauten zu uns hinauf. Es war unglaublich viel Rauch für so wenig Papier. Die Leute begannen, mit besorgtem Gesichtsausdruck in unsere Richtung zu zeigen. Was, wenn einer von ihnen die Feuerwehr gerufen hätte und wir hätten erklären müssen, warum wir Papiere in einer Kaffeedose verbrannten?

Bereits vor unserer Ankunft in Arabien hatte man uns davor gewarnt, Aufmerksamkeit auf uns zu ziehen, denn jede christliche Aktivität könnte überwacht werden.

Ein anderes irgendwie lustiges Erlebnis hatte Mike während seines Sprachstudiums. Er hatte es satt, am Schreibtisch zu pauken, also beschloss er, seine Sprachlernkarten mit nach draußen zu nehmen und spazieren zu gehen. Auf den Karten standen einfache arabische Sätze aus seinen Sprachlektionen, und er übte sie, indem er sie laut las. Zuerst: »Wo ist die Tasche?« Dann: »Ist die Tasche hier?« Dann: »Die Tasche ist dort.« Auf dem Weg kam er an einer niedrigen Mauer vorbei.

Er blieb stehen und stützte sich mit den Ellenbogen darauf, während er sich einige weitere Sätze einprägte.

Wie aus dem Nichts kamen drei arabische Männer auf ihn zu, wahrscheinlich Polizisten in Zivil. Obwohl sie kein Englisch sprachen, machten sie ihm klar, dass sie wissen wollten, was er da tat. Mike versuchte zu erklären, dass er nur Arabisch übte, aber er konnte noch nicht genug von der Sprache, um sich verständlich zu machen. Er sah ihre wachsende Ungeduld und wusste nicht, was er machen sollte. Also beschloss er, es ihnen einfach zu zeigen. In seinem besten Arabisch las Mike die erste Karte laut vor: »Wo ist die Tasche?« Die drei Männer begannen, sich mit verdutztem Gesichtsausdruck umzuschauen. Offenbar suchten sie die Tasche. Mike versuchte, deutlicher zu machen, worum es ging, und las die zweite Karte vor: »Ist die Tasche hier?« Die Männer begannen, völlig verwirrt miteinander zu reden. Mike las weiter: »Die Tasche ist dort.« Alle drei Männer kamen heran und lehnten sich über die Mauer – sie suchten die Tasche!

Plötzlich sprang ein Funkgerät an, das einer der Männer bei sich gehabt hatte. Er zog es hervor und sprach hastig mit jemandem. Dann, mit einem verächtlichen Blick auf Mike und einigen Handbewegungen, rannten sie davon. Als Mike nach Hause kam, war er tatsächlich ermutigt von dieser Begegnung – immerhin hatten sie sein Arabisch verstanden!

Bittet, und ihr werdet erhalten.
Matthäus 7,7

3. *Fragen öffnen Türen*

»Entschuldigen Sie.« Die Prinzessin hob ihre graziöse Hand und deutete von der anderen Seite des kunstvoll ausgestalteten *Madschlis* im Palast auf mich. Sie saß auf einem wunderschönen Sofa und war auf beiden Seiten von anderen Damen aus Herrscherfamilien umgeben.

Sie empfing an diesem Tag eine ganze Reihe von Besucherinnen. Alle saßen Ihrer Hoheit in einem Halbkreis aus eleganten Möbeln gegenüber und wurden von einer Armee von Dienern bewirtet. Ein schwer beladenes Tablett nach dem anderen, gefüllt mit köstlichen Häppchen und kunstvoll dekorierten Getränken, war in den Raum getragen und nacheinander jedem Gast angeboten worden. Wer konnte schon eine arabische Herrscherfamilie in Gastfreundlichkeit übertreffen? Bei all den Besucherinnen, mit denen sie Gespräche führte, und der Geschäftigkeit während des Servierens der Speisen hatte ich gehofft, dass sie nicht bemerkte, dass ich nichts zu mir nahm. Immerhin ist es eine Beleidigung für jeden Araber, seine Gastfreundschaft auszuschlagen; wie viel anstößiger war es da, die Großzügigkeit einer Prinzessin abzuweisen?

»Entschuldigen Sie.« Mehrere Besucherinnen wurden still und drehten sich um, um zu sehen, wen ihre aristokratische Gastgeberin hier ansprach. »Warum trinken Sie meinen Kaffee nicht?«

Ich wollte gewiss nicht den Eindruck erwecken, die Freundschaft der Prinzessin abzulehnen, doch ich hatte keine Wahl. Gott hatte mir befohlen, an diesem Tag zu fasten. Er war derjenige, der mich in diese unangenehme Lage gebracht hatte, und er war derjenige, der mich dort wieder herausholen musste.

Natürlich war der Umstand, dass ich überhaupt als Gast in diesem Palast war, Gottes Wirken zu verdanken. Ich bin bloß ein Mädchen aus einem unbedeutenden Dorf in den USA. Drei christliche Frauen hatten die Erlaubnis erhalten, sie an diesem Tag zu besuchen, doch aus Gründen der Sicherheit kann ich nicht erklären warum.

Am Morgen daheim hatte ich in Gedanken eine Liste von Vorbereitungen aufgestellt, die ich für diesen Anlass treffen musste. Okay. Ich muss mich frisieren, meine Kleider bügeln, frühstücken ... Es war, als würde Gott mich in meinem Gedankengang unterbrechen und sagen: *Faste heute.*

Gott war derjenige, der mich in diese unangenehme Lage gebracht hatte, und er war derjenige, der mich dort wieder herausholen musste.

Ich kann heute nicht fasten, erklärte ich ihm in Gedanken. *Ich werde eine Prinzessin besuchen. Das wäre eine Beleidigung für die Herrscherfamilie.* (Als ob Gott nichts von arabischer Kultur verstehen würde ...) Es erschien mir einfach unlogisch, gerade an einem solchen Tag zu fasten. Trotzdem: *Faste heute* – der Gedanke wollte mich einfach nicht loslassen.

Als ich mich mit den beiden anderen Christinnen, die ebenfalls eingeladen waren, zum Gebet traf, erzählte ich ihnen von meinem Dilemma. Immerhin würde es auch auf sie zurückfallen. Wir sprachen und beteten darüber; dann ermutigten mich sowohl Sheila als auch Jane, das zu tun, wovon ich den Eindruck hatte, dass Gott es mir auftrug.

Da waren wir drei also, saßen zusammen auf einem großen Sofa, und die Frage der Prinzessin hing in der Luft. Mir kamen keine Worte der Weisheit von Gott in den Sinn, also entschied ich mich dazu, ihr einfach den Grund zu nennen und Gott die Verantwortung für das zu überlassen, was er mir aufgetragen hatte. »Bitte vergeben Sie mir, Hoheit, aber ich faste heute.«

Sie sah überrascht aus. »Christen fasten? Das wusste ich nicht. Wie fasten Sie? Sicher meinen Sie, Sie werden heute kein Fleisch essen, aber doch Reis?«

»Nein. Ich werde gar nichts essen.«

»Werden Sie Saft trinken?«

»Nein. Ich werde heute nichts essen und nichts trinken außer Wasser.« Muslime meinen manchmal, ihre Fastenmethode wäre der der Christen überlegen, weil sie von Sonnenaufgang bis Sonnenuntergang überhaupt nichts essen oder trinken. Sobald ich gesagt hatte, dass ich Wasser trinken würde, konnte ich das etwas herablassende Lächeln und das Kopfnicken der anderen im Raum sehen, die höflich unserem Dialog folgten.

Rasch fuhr ich fort: »Es gibt viele Arten, wie Christen fasten. Viele arabische Christen fasten genauso wie Sie. Heute Morgen sagte Gott zu mir, ich solle fasten, also habe ich mich dazu entschieden, von heute Morgen bis morgen früh nichts zu essen und nur Wasser zu trinken. Ganze vierundzwanzig Stunden lang.«

Die Prinzessin schaute mich geradeheraus an. »Sie meinen, Sie werden heute Abend hungrig zu Bett gehen?« Die Atmosphäre im Raum schien sich zu wandeln.

»Ja.« Das war eine bedeutsame Tatsache, da normalerweise bei Sonnenuntergang das Fasten endet und das Festmahl beginnt.

Ihr Interesse war geweckt, und plötzlich fielen ihr noch weitere Fragen ein, die sie über den christlichen Glauben und das christliche Leben hatte, zum Beispiel: »Wie kann Jesus Gott sein?« Sheila und Jane begannen, ebenfalls auf ihre Fragen zu antworten, und schon bald hatte sich ein ernstes geistliches Gespräch zwischen uns vier Frauen entsponnen. Gleichzeitig bekamen ein *Madschlis* voller Besucherinnen und eine Kompanie Bedienstete die Wahrheit zu hören. Jane, die die Sprache besser beherrschte, erklärte alles ganz fantastisch. Sheila lieferte ebenfalls viele gute Beiträge, und ihre besondere Beziehung zur Prinzessin war der Garant für unsere Glaubwürdigkeit.

Dies war eine einzigartige Chance. Denn mit wem sollte eine arabische Prinzessin sprechen, wenn sie geistlich auf der Suche war? Wohin konnte sie gehen? Die Frauen aus Herrscherfamilien werden bewacht, beobachtet und begleitet. Persönliche Fahrer und Leibwächter haben die Aufgabe, diese *Harim* oder »Verbotenen« zu beschützen und zu eskortieren. Die Männer der Aristokratie haben Zugang zu sämtlicher Überwachungs- und Sicherheitstechnik, die mit Geld zu kaufen ist. Mobiltelefone und Computersignale lassen sich leicht abfangen, und Hausangestellte können Privatgespräche belauschen. Wie konnte also eine derart in der Öffentlichkeit stehende muslimische Persönlichkeit es wagen, vor all diesen Zeugen Interesse an den Inhalten des christlichen Glaubens zu bekunden? Würde die Prinzessin keine Schwierigkeiten dafür bekommen, dass sie so mit uns sprach?

Ihr Interesse war geweckt, und plötzlich fielen ihr noch weitere Fragen ein, die sie über den christlichen Glauben und das christliche Leben hatte, zum Beispiel: »Wie kann Jesus Gott sein?«

Doch Gott ist genial. Er hatte der Prinzessin die perfekte Tarnung gegeben, um uns drei Christinnen jede Frage stellen zu können, die sie über das Christentum hatte – hier, in ihren eigenen vier Wänden, und auf eine Art und Weise, die uns alle vor negativen Konsequenzen bewahren würde. Da das Fasten eine ehrbare religiöse Tat für Gott darstellt, ist es vielleicht der einzige harmlose Grund, nicht mit dem Gastgeber zu essen oder zu trinken. Als sie mich mein Fasten vor allen anderen erklären ließ, gab sie gutwillig und öffentlich ihr Einverständnis zu meinem Verhalten. Dies war genau genommen auch ein Zeugnis ihrer eigenen Großmütigkeit. Die Ablehnung von Gastfreundschaft in dieser Kultur hatte normalerweise ernste negative Folgen, doch ihre Vergebung gegenüber der ungeschickten Amerikanerin entsprang ihrer Herzensgüte. Gleichzeitig bot ihr der Vorfall die perfekte Gelegenheit, etwas über den Glauben und das Leben ihrer christlichen Gäste zu erfahren – sie verhielt sich lediglich diplomatisch. Wer konnte daran etwas auszusetzen haben? Genial.

Für unsere Familie erscheint die Tür der Gelegenheiten, die sich uns öffnet, häufig in Form eines Fragezeichens. Manchmal wird uns die Frage einfach in den Schoß gelegt, wie im Fall des islamischen Opferfestes *Id al-Adha*. Es ist nicht nur ein wichtiger Anlass, jeden zu besuchen, den man kennt, sondern es hat auch einen »eingebauten« Ansatz für ein geistliches Gespräch. Das fanden wir heraus, als ich die Frauen in Habibas Haus zum Opferfest besuchte. Als älteste Tochter im Haus ihres Vaters trug sie die Verantwortung für die enormen Mengen Essen, die gekocht werden mussten, und andere Vorbereitungen, die im Haus zu treffen waren. So kam es, dass ihre Schwester Nora mit mir im *Madschlis* saß.

»Was ist Id al-Adha?«, fragte ich mit echtem Interesse. (Leichter kann einem der Einstieg in ein geistliches Gespräch kaum noch gemacht werden.) Nora, eine sehr bodenständige und reife junge Frau (reifer als ihr Lebensalter vermuten ließ; sie war noch keine zwanzig Jahre alt), erzählte mir immer gern mehr über den Islam. Normalerweise ließ sie im Gespräch aus Respekt ihrer älteren Schwester den Vortritt, doch heute war das nicht nötig. Ihr Gesicht leuchtete förmlich auf bei der Möglichkeit, mir die Frage selbst zu beantworten.

Für unsere Familie erscheint die Tür der Gelegenheiten, die sich uns öffnet, häufig in Form eines Fragezeichens.

»An diesem Feiertag erinnern wir uns an die Geschichte unseres Meisters Abraham, Friede sei mit ihm. Er bekam in einem Traum die Anweisung, Ismael, seinen ältesten Sohn, zu opfern, und als er aufwachte, tat er es.«

Sie betonte besonders, dass es sich um Ismael handelte und nicht um Isaak, als ob sie erwartete, dass ich daran Anstoß nahm. Doch mich faszinierte die Tatsache, dass diese Geschichte im Koran stand. »Du meinst, Abraham hat ihn tatsächlich geopfert?«

Nora wehrte rasch ab. »Nein, nein! Er hatte den Jungen auf den Altar gelegt und wollte ihn gerade als Opfer darbringen, doch Gott hielt ihn auf.«

Unglaublich! Ich musste mehr erfahren. »Ist das alles? Er sagte ihm einfach, dass er aufhören soll? Was geschah dann?« Irgendwie schien meine Begeisterung die von Nora zu dämpfen. »Nun, Gott hielt ihn auf und schickte als Ersatzopfer einen Schafbock aus dem Himmel.«

Ein Schafbock aus dem Himmel! Das war verblüffend! Gott hatte dafür gesorgt, dass ein Sonnenstrahl des Evangeliums aus dem Koran schien! »Und warum feiert ihr dieses Ereignis? Was bedeutet diese Geschichte für Muslime?«

Jetzt war es an Nora, eine Frage zu stellen. »Was meinst du damit: ›Was bedeutet das?‹ Wir feiern den Tag einfach, um uns an die Geschichte zu erinnern. Es bedeutet gar nichts.« Sie schaute mich fragend an und fuhr fort: »Worauf willst du hinaus?«

Das war verblüffend! Gott hatte dafür gesorgt, dass ein Sonnenstrahl des Evangeliums aus dem Koran schien!

»Ich denke nur, solch ein großes Fest hat doch sicher einen Hintergrund, eine Bedeutung. Diese Geschichte steht auch in der Bibel, und sie wird als sehr wichtig angesehen, weil sie so eine wichtige und schöne Bedeutung hat. Mit allen Geschichten in der Bibel ist eine tiefe Bedeutung verbunden.«

Wir schauten uns einen Augenblick lang an. Nun hing eine weitere Frage in der Luft, die förmlich darum bettelte, gestellt zu werden. Schließlich stellte Nora sie. »Und was ist die Bedeutung?«

Ich kann gar nicht sagen, wie sehr ich mich freute, ihr antworten zu dürfen.

»Weißt du noch, wie Adam und Eva im Garten Eden die verbotene Frucht aßen? Gott sagte, dass sie sterben würden, wenn sie sie essen. Tod für den Körper und ewiger Tod für die Seele. Gott liebte sie und wollte, dass sie für immer bei ihm im Himmel leben, doch er ist heilig und bricht niemals sein Wort. Er hatte gesagt, dass die Strafe für die Sünde der Tod ist, und daran ließ sich nichts ändern. Stattdessen machte er es möglich, dass jemand anderes für sie die Todesstrafe auf sich nahm. Er versprach, eines Tages einen Stellvertreter aus dem Himmel zu schicken, der an der Stelle der sündigen Menschen sterben würde. So konnte er ihnen vergeben, ohne sein Wort zu brechen. Diese Geschichte ist ein Symbol, ein Bild dieses Versprechens. Gott sagte, dass Abrahams Sohn sterben musste, so wie er sagt, dass Sünder sterben müssen. Gott hat den Tod des Sohnes verhindert und einen Schafbock vom Himmel geschickt, der an seiner Stelle starb. Genauso verhindert Gott unseren Tod, indem er einen Stellvertreter vom Himmel schickt, der unseren Platz einnimmt. Liebe Nora, verstehst du denn nicht? Darum wird Jesus das Lamm genannt ... das ›Lamm Gottes, das die Sünde der Welt wegnimmt‹. Er ist der ›Schafbock‹, der vom Himmel geschickt wurde, um für uns zu sterben! Jesus hat sich geopfert, um unsere Todesstrafe zu verbüßen. Alle, die an ihn glauben und ihn bekennen, erhalten Gottes Vergebung und dürfen für immer bei Gott im Himmel leben!«

Oft sind die Fragen, die die Tür für ein geistliches Gespräch öffnen, gar keine geistlichen Fragen.

Ich konnte kaum an mich halten. Allein das Evangelium anhand der lebhaften Bilder dieser Geschichte weiterzusagen, war schon aufregend. Doch es gab noch mehr Grund zur Freude. In Noras schönen dunklen Augen stiegen Tränen auf und blieben an ihren Wimpern hängen. Sie verstand. Ich glaube, zum ersten Mal verstand sie wirklich.

Oft sind die Fragen, die die Tür für ein geistliches Gespräch öffnen, gar keine geistlichen Fragen. Meine Beziehung zu Salama begann bei einer Diskussion über aktuelle Ereignisse. Sie hatte sich in einem Wartebereich neben mir niedergelassen, um ihr Englisch auszuprobieren. Wir stellten uns vor und wie üblich war die erste Frage: »Wo kommen Sie her?«

»Sie kommen aus Amerika? Dann sollten Sie die Zeitung von heute sehen! Bald wird wohl nichts mehr von Ihrem Land übrig sein. Hochwasser, Feuer, Erdbeben, Wirbelstürme ... Und in Afrika gibt es nach all diesen Jahren immer noch Hungersnöte. Und jetzt auch noch der Tsunami im Osten! Die ganze Welt bricht auseinander.«

»Sie haben recht«, stimmte ich zu. »Ich glaube, das einzig Gute daran ist, dass es ein Zeichen dafür ist, dass Jesus bald wiederkommt. Die Bibel sagt, dass die Naturkatastrophen überall auf der Welt zunehmen werden, kurz bevor er wiederkommt. Steht im Koran nicht etwas Ähnliches?«

»Ja, das stimmt. Wir glauben ebenfalls, dass Jesus am Ende der Zeit wiederkommt. Aber Sie glauben, dass er am Kreuz gestorben ist, und wir glauben, dass er nicht gestorben ist ...« Genau in dem Augenblick war die Dame, die ich begleitete, fertig mit ihren Erledigungen und stand auf, um zu gehen. Ich entschuldigte mich, aber Salama nahm einen Stift zur Hand. »Warten Sie, geben Sie mir doch bitte Ihre Mobiltelefonnummer. Sie müssen mich besuchen, damit wir uns weiter darüber unterhalten können.« In unserem letzten Gespräch fragte sie mich, ob sie mich einer Freundin vorstellen dürfte, die sich gern an unseren geistlichen Diskussionen beteiligen würde.

Für uns spielt es eigentlich keine Rolle, ob die Person, mit der wir über das Evangelium sprechen, wirklich auf der Suche oder ein offen feindseliger Fundamentalist ist, denn Gottes Wort ist lebendig und mächtig. Es hat eine Wirkung auf die Menschen, ob sie es glauben oder nicht! Und selbst wenn wir vielleicht keine Gelegenheit haben, den ganzen »Heilsplan« zu erklären – wenn wir nur ein Stück Wahrheit aus Gottes Wort weitersagen, haben wir schon etwas getan. Es ist eine gewaltige Entlastung, zu wissen, dass wir nur ein Glied in der Kette von Ereignissen sind, die unser absolut souveräner Gott sicher in der Hand hat! Halleluja! Noch aufregender ist, wie er die Wahrheit bestätigt, die er uns weitersagen lässt. Ein wunderbares Beispiel dafür ist die Geschichte von Sadiq, unserem Immobilienmakler.

Mike hatte Sadiq beauftragt, uns zu helfen, ein neues Haus in der Gegend zu finden, und die beiden hatten bereits eine Menge Zeit damit zugebracht, gemeinsam mögliche Mietobjekte zu besichtigen. Unsere Familie betete um eine Möglichkeit, ihm vom Evangelium zu erzählen, und Mike hatte schon mehrmals und auf verschiedene Art und Weise versucht, geistliche Themen mit ihm anzuschneiden, doch Sadiq schien nicht interessiert. Wir hätten uns nie vorstellen können, wie Gott im Begriff war, seine Aufmerksamkeit zu erregen.

Es ist eine gewaltige Entlastung, zu wissen, dass wir nur ein Glied in der Kette von Ereignissen sind, die unser absolut souveräner Gott sicher in der Hand hat! Halleluja!

Eines Tages waren wir zu Verhandlungen mit einem der Vermieter unterwegs. Sadiq saß vorn auf dem Beifahrersitz und erklärte Mike den Weg. Ich saß hinten und unterhielt mich zwischendurch mit ihm über die Bedeutung von verschiedenen arabischen Namen. »Herr Sadiq, unsere arabischen Freunde haben uns erklärt, dass es hundert Namen für Gott gibt. Neunundneunzig davon stehen im Koran, und den hundertsten Namen kennt nur das Kamel. Deswegen, sagen sie, sind Kamele so arrogant.«

Er lachte laut auf. »Nein, das stimmt nicht. Das ist nur eine Geschichte für die Touristen. Es gibt keinen hundertsten Namen Gottes.«

Wir mussten auch lachen. »Das mit dem Kamel mag nicht stimmen, aber es gibt tatsächlich einen hundertsten Namen Gottes. Genau genommen ist es sein erster Name, da die anderen neunundneunzig eigentlich Titel sind. Dieser Name steht in unserem Buch, der Bibel.«

Seine nächste Frage ergab sich natürlich von selbst: »Wirklich? Das habe ich noch nie gehört. Wie lautet dieser Name?«

Auf Arabisch zitierte ich den Namen Gottes, den er Mose offenbarte (2. Mose 3,14): »Ich bin, der ich immer bin.«

Plötzlich veränderte sich Sadiqs Gesichtsausdruck. Er drehte sich so, dass er mich besser hören konnte. »Was haben Sie gerade gesagt?« Ich wiederholte den Namen. Ihm klappte die Kinnlade herunter und seine Augen wurden immer größer. Mike und ich fragten uns beide, was los war. Offenbar passierte hier gerade etwas. Er war sichtlich berührt. Noch einmal fragte er: »Was haben Sie gesagt?« Fünf Mal ließ er mich den Satz wiederholen. Ich sprach langsamer; ich dachte, vielleicht war mein Arabisch nicht gut zu verstehen und ich hatte etwas falsch ausgesprochen. Beim fünften Mal hatte sich Sadiq auf seinem Platz ganz zu mir herumgedreht und schaute mich an. Langsam hob er die Hand, deutete mit seinem Finger auf mein Gesicht und platzte heraus: »Ich glaube, das ist die Wahrheit!«

Mike und ich dachten genau das Gleiche: Wirklich? Warum? Immerhin hatten wir ihm eigentlich noch gar nichts gesagt. Es war nur der Name!

Sadiq fuhr fort: »Manchmal weiß ich in meinem Herzen, dass etwas wahr ist, bevor ich es mit meinem Kopf verstehe. Und dieser Name ... wenn Sie diesen Namen sagen ... spüre ich etwas ... das mit meinem Körper passiert ... wie eine starke Kraft!«

Seit diesem Tag besucht Sadiq uns regelmäßig. Er hat mit Mike einen Bibelgrundkurs von 1. Mose bis Jesus gemacht, liest selbst die Bibel und ruft uns an, wenn er Fragen hat. Wenn er gegen 20 oder 21 Uhr zu uns kommt, geht er meistens nicht vor ein oder zwei Uhr morgens. Mike und ich witzeln manchmal, dass Sadiq, wenn er sich einmal bekehrt, bereits ein voll qualifizierter Bibellehrer ist.

Ein anderes wunderbares Beispiel, wie Gott sein Wort im Herzen von Muslimen bestätigt, kann ich von einer jungen Frau namens Sana erzählen. Unsere Wege kreuzten sich durch eine Reihe von Ereignissen, die in Gang kamen, als ich einmal schon nach Mitternacht Gott eine Frage stellte.

Bei uns war eben ein Gebetstreffen zu Ende gegangen, das bis Mitternacht gedauert hatte, und jetzt war es Zeit zur »Chaosbeseitigung«. Neben dem normalen Aufräumen war auch noch ein Berg Abwasch zu erledigen. Mike brachte die Kinder nach oben und ins Bett – und kam nicht wieder. Eigentlich hatte er zurückkommen und mir helfen wollen, doch er war aus Versehen neben einem der Kinder eingeschlafen. Obwohl wir gerade stundenlang gebetet hatten, war ich irgendwie noch immer ungeistlich genug, um verärgert zu sein. Ich stand am Spülbecken und beschwerte mich bei Gott. Ich schimpfte und schimpfte und schimpfte, doch plötzlich unterbrach Gott mich: *Vielleicht wollte ich ja, dass du früh um eins hier unten ganz allein abwäschst.*

Von all den Dingen, die ich für mein Ungemach verantwortlich machte, war mir das nicht in den Sinn gekommen. Mein Wutpegel sank sofort erheblich und ich fragte ziemlich kleinlaut: *Ähm … warum solltest du das wollen?* Gott antwortete nicht. Sofort wusste ich, dass ich es nicht herausfinden würde, wenn ich nicht schleunigst Buße tat. Ich schloss mein Bekenntnis mit einer Bitte: *Herr, bitte vergib mir mein Jammern und gib mir stattdessen deine Gedanken. Bitte lass mich über das nachdenken, worüber du mich nachdenken lassen willst.* Und dann kam mir so schnell eine Idee nach der anderen, dass ich meine Gummihandschuhe ausziehen und ins Büro gehen musste, um sie aufzuschreiben.

Ich sollte einen christlichen Hauskreis mit muslimischen Frauen gründen. Das wäre ein sicherer Platz, wo sie hinkommen und sehen konnten, was Christen tun. (Die meisten muslimischen Frauen würden niemals auf die Idee kommen, in ein öffentliches Kirchengebäude zu gehen – es ist nicht nur »christlich«, sondern dort sind auch Männer.) Der Hauskreis würde während der normalen Besuchszeit stattfinden, sodass jede Frau teilnehmen konnte, ohne sich verdächtig zu machen. Ich sollte einige arabische Bibeln bereitlegen und Blätter mit arabischen Liedern, die wir singen konnten. Diese Dinge konnten bei uns im Haus bleiben, damit die Frauen nicht Gefahr liefen, mit christlichem Material ertappt zu werden. Gott schien mir einen Auftrag zu geben: »… und wenn sie in dein Haus kommen, dann lehre sie, mich anzubeten.«

Zu diesem Hauskreis kam Sana, eingeladen von einer christlichen befreundeten Kollegin namens Alia. Sie kam nicht aus Interesse am christlichen Glauben, sondern weil sie todkrank war. Sana, eine junge und schöne Karrierefrau Mitte dreißig, steckte voller Leben. Vor ihr lag eine gute Zukunft; sie hatte einen wunderbaren Ehemann, der sie von Herzen liebte, und Kinder, die ihr ein und alles waren. Sie hatte aber auch einen bösartigen Gehirntumor. Wöchentlich wurde das Wachstum des Tumors mit Tests überwacht, doch es gab keine Möglichkeit, ihn aufzuhalten. Die Ärzte hatten ihr offen gesagt, dass sie erblinden, gelähmt werden und am Ende sterben würde. Obwohl wir alle von Sanas Umständen wussten, erwähnte keine von uns das Thema, als sie kam. Es schien besser, ihr einfach unsere liebevolle Freundschaft anzubieten und zu warten, bis sie es von sich aus ansprach.

Irgendwann bei unserem Treffen ergriff Sana dann das Wort. »Meine Freundin Alia erzählt uns bei der Arbeit immer von dieser Gruppe. Sie sagt, dass ihr füreinander betet und dass Gott eure Gebete erhört. Sie sagt, dass ihr auch für uns betet.« Sana schickte ein kurzes Lächeln als Dankeschön in die Runde von Frauen, die um sie herum saßen. »Ich bin heute Abend gekommen, weil …« Ihre Stimme begann, unsicher zu werden. Sie senkte den Blick auf ihren Schoß und legte dann eine Hand ans Gesicht, als schämte sie sich, uns die Emotionen sehen zu lassen, die jetzt an die Oberfläche drängten. Mit der anderen Hand begann sie hektisch, in ihrer Tasche nach einem Taschentuch zu suchen, und als sie es gefunden hatte, klammerte sie die Finger darum. »Könnt ihr für mich beten? Die Ärzte sagen, sie können nichts mehr für mich tun …«

Sie senkte den Blick auf ihren Schoß und legte dann eine Hand ans Gesicht, als schämte sie sich, uns die Emotionen sehen zu lassen, die jetzt an die Oberfläche drängten.

Als Sana in Tränen ausbrach, ging es uns anderen genauso. Wir standen auf und drängten uns um sie, um für sie zu beten. Eine Hand hielt ihre, ein Arm legte sich um ihre Schulter.

»Lieber Vater Gott, wir glauben, dass du Sana heute Abend hierher gebracht hast, weil du sie liebst und ihren Körper und ihren Geist heilen willst. Du weißt alles, was sie und ihre Familie durchmachen, und es ist dir nicht egal. Himmlischer Vater, wir bitten dich im Namen des Herrn Jesus Christus, Sana vollständig von ihrer Krankheit zu heilen. Lass Sana durch die Heilung erkennen, dass du existierst und dass du willst, dass sie dich persönlich kennenlernt. Zeig ihr, dass die Dinge, die sie heute Abend von deinem Wort gelesen und gehört hat, wahr sind, und hilf ihr, sie zu glauben und sich von dir retten zu lassen.«

Gott in seiner Souveränität wollte es, dass am nächsten Tag Sanas wöchentliche Tests anstanden. Ihr Arzt las sich die Testergebnisse durch und runzelte die Stirn. Lächerlich. Die Leute im Labor mussten völlig inkompetent sein. »Wiederholen Sie die Tests«, wies er die Schwester an. Die Tests wurden wiederholt und die Ergebnisse waren genau die gleichen. Weitere Tests wurden angeordnet, bis der Arzt schließlich überzeugt war, dass der tödliche Tumor nirgends mehr zu finden war. »Ich weiß nicht, was hier passiert ist, aber Sie haben keinen Tumor mehr. Sie sind geheilt. Sagen Sie meiner Sekretärin, dass sie alle Ihre weiteren Termine streichen soll.« Ohne es zu ahnen, hatte der muslimische Arzt gerade – gründlich medizinisch dokumentiert – den Beweis geliefert, dass das Gebet der Christen erhört worden war.

An jenem Tag erhielt Alia einen jubelnden Anruf von dem überglücklichen Ehepaar. Als Sana die ganze Geschichte in allen Einzelheiten erzählte, konnte Alia Sanas Ehemann im Hintergrund rufen hören: »Sag ihnen, dass wir auf ihrer Seite sind! Sag ihnen, dass wir auf ihrer Seite sind!« Sofort bekundeten sie ihr Interesse, sich unter acht Augen mit Alia und ihrem Ehemann zu treffen, um mehr über diesen Weg des Glaubens zu lernen.

Ist unser Gott nicht groß?

Verkünde das Wort Gottes. Halte durch, ob die Zeit günstig ist oder nicht. In aller Geduld und mit guter Lehre sollst du die Menschen zurechtweisen, tadeln und ermutigen!

2. Timotheus 4,2

4. Wenn man am wenigsten damit rechnet

Nicht eine, sondern zwei Einladungen! Zwei Einladungen zum Abendessen in dem palastähnlichen Haus eines sehr wichtigen Herrn, und wir hatten sie von unterschiedlichen Freunden in der Gegend bekommen. Womit hatten Mike und ich diese Ehre verdient? Eigentlich gar nicht. Um zu dieser außergewöhnlichen Veranstaltung eingeladen zu werden, musste man einfach nur Nicht-Muslim sein. Sie war eine von vielen »guten Taten« dieses wichtigen, wohlhabenden Mannes, durch die er versuchte, den Islam zu verbreiten und sich somit in den Augen Allahs verdient zu machen. Es handelte sich um eine kaum getarnte islamische Missionsveranstaltung.

Ursprünglich hatte die örtliche muslimische Bevölkerung eine offene Einladung erhalten. Sie durften an einem besonderen Abendessen in der Villa des wichtigen Herrn teilnehmen, sofern sie einen Nicht-Muslim als potenzielles »Bekehrungsobjekt« mitbrachten. Die meisten Einwohner unserer kleinen Stadt konnten nicht einmal davon träumen, solch eine grandiose Residenz je von innen zu sehen, geschweige denn ein Essen mit dem Herrn des Hauses zu genießen, und für Ausländer galt das erst recht. Die Einladung war als Lockmittel gedacht, und es funktionierte. Zwei unserer Freunde aus der Stadt hatten uns eingeladen.

So sehr es uns reizte: Es gab eine Kehrseite. Solche muslimischen Missionsveranstaltungen standen mitunter unter starker Kontrolle. Sie boten nicht so viel Gelegenheit, über Jesus zu sprechen wie normale Besuche. Einige Besuche in den einfachen Häusern unserer Nachbarschaft erschienen uns als viel bessere Investition unserer Zeit, was die Verbreitung des Evangeliums betraf. Als plötzlich etwas dazwischenkam, das Mike daran hinderte, an der Veranstaltung teilzunehmen, kam mir das mehr als gelegen und ich wollte ebenfalls absagen.

»Nein, ich denke, du solltest trotzdem hingehen.« Mike benutzte diesen sanften »Ehemann«-Ton, den er für solche Anlässe reserviert hatte. Ich meine Anlässe, bei denen er mir riet, etwas zu tun, was ich eigentlich nicht tun wollte.

»Aber warum? Diese öffentlichen Missionsveranstaltungen sind doch alle gleich. Wir kennen das alles schon. Wenn ich einen privaten Besuch mache, kann ich wenigstens jemandem von Jesus erzählen.«

»Ich weiß nicht warum, aber ich habe wirklich das Gefühl, dass du dorthin gehen solltest.« Gott hatte mich schon oft durch solche »Gefühle« von Mike geleitet; das war nichts, was ich auf die leichte Schulter nahm. Mike nahm meine Hand und sagte: »Lass mich für dich beten …« Er beendete sein Gebet mit einer besonderen Bitte. »Herr, bitte erlaube Reema, heute Abend jemandem von dir zu erzählen – vielleicht sogar der ganzen Gruppe. Darum bitten wir dich im Namen Jesu. Amen.«

Solche muslimischen Missionsveranstaltungen standen mitunter unter starker Kontrolle. Sie boten nicht so viel Gelegenheit, über Jesus zu sprechen wie normale Besuche.

Die Bibel sagt, wenn zwei Menschen, die an Jesus glauben, sich auf der Erde im Gebet über etwas einig werden, sollen sie es erhalten. Allerdings muss ich zugeben, dass ich in diesem speziellen Moment nicht mit Mikes Gebet »einig« war. Genau genommen dachte ich: *Ja, klar. Als ob Gott mir die Gelegenheit geben würde, bei einer muslimischen Missionsveranstaltung das Evangelium weiterzusagen.*

Zu meiner großen Überraschung tat er genau das.

An jenem Abend begleitete eine emsige Menge eifriger junger Damen die weiblichen Besucher in den luxuriösen *Madschlis* der Frauen, um den Auftritt der Ehefrau des wichtigen Herrn zu erwarten. Die vierzig oder mehr anwesenden muslimischen Damen hatten nur zwei »Ungläubige« mitgebracht. Wir erkannten einander – Diane und ich waren Missionarskolleginnen! Mit einer Geste ließ sie mich wissen, dass sie für mich beten würde, und ich tat das Gleiche. Dann kündigte der ansteigende Geräuschpegel der Gruppe die Ankunft der Ehefrau des wichtigen Herrn an.

Sie war wunderbar, der Inbegriff anmutiger Weiblichkeit. Jeder Gast wurde zur Begrüßung einzeln zu ihr gebracht und dann zu einem bequemen Sitzplatz geführt. Als Letztes setzte sie sich selbst und es wurde Kaffee serviert. In dem Moment klingelte ihr Mobiltelefon. Die Frau des wichtigen Herrn entschuldigte sich, um den Anruf entgegenzunehmen, und kam nicht mehr zurück. Stattdessen kam unsere Referentin des Abends, die Zeremonienmeisterin und Fundamentalistin Fatima, herein.

Fatima war eine streng aussehende ältere Dame, die ihre Aufgabe zu genießen schien. Ihr gerötetes Gesicht war vor Vergnügen verzerrt, als sie über die christliche Lehre herzog, die Bibel verleumdete und den Herrn Jesus Christus lästerte. Das Programm vor dem Abendessen sollte zwei Stunden dauern und war nicht unbedingt das, was man »Freundschaftsevangelisation« nennen konnte.

Fatimas gerötetes Gesicht war vor Vergnügen verzerrt, als sie über die christliche Lehre herzog, die Bibel verleumdete und den Herrn Jesus Christus lästerte.

Das Programm wechselte zwischen Fatimas bissigen Monologen und persönlichen Zeugnissen von zum Islam Konvertierten. Die Konvertiten und sogar das Publikum schienen von der Eindringlichkeit ihrer Anführerin eingeschüchtert zu sein. Ihre Schläfenadern schwollen an und mit feuchter Aussprache zischte sie: »Ihr westlichen Frauen haltet euch für so intelligent, weil ihr so gebildet seid. Tatsache ist, dass ihr dazu verführt wurdet, einen Menschen als Gott anzubeten und an ein Buch zu glauben, von dem unsere islamischen Gelehrten sagen, dass es mindestens fünfzig Fehler auf jeder Seite enthält! Wenn ihr nur ein Fünkchen Verstand im Kopf hättet und ihn für fünf Minuten benutzen würdet, würdet ihr Muslime werden!«

Tatsächlich waren die gleichen Argumente schon oft von unseren Freunden vorgebracht worden, doch in einem ganz anderen Geist. Wenn sie behaupteten, dass wir an törichte Lügen glauben, wussten wir, dass sie es nur sagten, weil wir ihnen wichtig waren und sie nicht wollten, dass wir in die Hölle kommen. Ihre echte Sorge hatte unsere Herzen näher zu ihnen gezogen. Fatima war ein ganz anderes Kaliber. Wie konnte diese Frau es nur wagen?! Sie verbog und verdrehte die Heilige Schrift, um ihre falschen Argumente zu stützen. Als ich ihr so zusah, wie sie herumschrie und Diane mit dem Finger im Gesicht herumfuchtelte, schnellte mein Blutdruck in die Höhe. Ich spürte, wie ich immer wütender wurde, und rief im Herzen zu Gott: *Herr, ich habe Angst, dass ich ihr gründlich die Meinung sage, wenn sie mir mit diesem knochigen Finger im Gesicht herumwedelt. Bitte hilf mir, nicht all die Jahre, die ich schon unter diesen Menschen mit dir unterwegs bin, jetzt nur wegen Fatima aufs Spiel zu setzen. Hilf mir!*

Sofort kam mir ein Vers in den Sinn: »Zorn kann niemals etwas bewirken, das in Gottes Augen gerecht ist« (Jakobus 1,20).

Okay. Gut. Zorn führt zu nichts. Aber was soll ich tun?

Dann fiel mir ein weiterer Vers ein: »Ein Diener des Herrn darf nicht streiten, sondern er muss zu allen freundlich sein, überzeugend lehren und auch mit schwierigen Menschen Geduld haben können« (2. Timotheus 2,24).

Lehren können! Plötzlich dämmerte es mir. Mikes Gebet! Mit einem Mal verstand ich, warum ich hier war, warum ich kommen musste. Jeder Funke Zorn verschwand und freudige Erwartung trat an seine Stelle. Den restlichen Abend über betete ich: *O Gott, lass mich hier nicht weggehen, ohne dass sie die Chance haben, das Evangelium zu hören. Auf jeden einzelnen Punkt, den Fatima genannt hat, gibt es eine Antwort. Lass diese Menschen heute Abend deine Wahrheit so hören, wie sie wirklich ist – unverbogen, unverzerrt und ununterbrochen. Und bring die Leugner zum Schweigen!*

Mit einem Mal verstand ich, warum ich hier war, warum ich kommen musste. Jeder Funke Zorn verschwand und freudige Erwartung trat an seine Stelle.

Zwei Stunden später hatten alle Zeugnis gegeben und Fatima war bei ihrem Schlussplädoyer. Ihr Gesicht war beinahe blau, so sehr strengte sie sich an, ihren Standpunkt klarzumachen. Sie trat vor mich und unterstrich ihre Worte, indem sie mir ihren Finger ins Gesicht streckte.

»Es ist ganz offensichtlich, dass ihr Christen keine Leute Gottes seid, denn ihr seid alle so unterschiedlich! Wir Muslime kleiden uns alle gleich und beten auf die gleiche Art und Weise. Wir sind eine Einheit! Ihr seid uneinheitlich! Erstens: Manche von euch trinken und manche nicht. Was sagt die Bibel eigentlich über Alkohol?«

Ich war mir sicher, dass dies eine von Gott geschenkte Gelegenheit war, und antwortete: »Das ist eine gute Frage, aber bevor ich sie beantworte, möchte ich mich bei allen für die Einladung heute Abend bedanken. Ich habe viel darüber gelernt, was Muslime denken und was *Sie* denken, dass *wir* denken. Ich muss sagen, dass es offenbar ein grundlegendes Missverständnis darüber gibt, was ein Christ ist und wie man Christ wird. Würde es Ihnen etwas ausmachen, wenn ich das erst einmal erkläre?«

Stille. Einige der Frauen schauten einander an. Schließlich sagte jemand: »Sicher. Bitteschön.« Also legte ich los und versuchte, so viele Punkte wie möglich zu behandeln:

Die Bibel ist kein jüdisches Altes Testament und christliches Neues Testament, sondern ein Buch mit einer Botschaft.

Die Schöpfung und der Sündenfall der Menschheit, wie in 1. Mose beschrieben, sind die Ursache dafür, dass wir überhaupt einen Erlöser brauchen und dass Gott versprach, einen Erlöser zu senden.

Das ganze Alte Testament weist uns direkt oder indirekt auf diesen Einen hin, der kommt, um uns mit Gott zu versöhnen und die verloren gegangene Beziehung mit ihm wiederherzustellen.

Das Neue Testament bringt uns die gute Nachricht, dass dieser Erlöser kam und alle Prophezeiungen erfüllte, so wie Gott es versprochen hatte.

Ein Christ ist jemand, der glaubt, was Gott getan hat, und sich seinem Weg der Versöhnung durch diesen Erlöser, den Messias Jesus, unterordnet.

Eine Frau hob ihre Hand. »Wo in der Bibel steht, dass Jesus Gott ist?«

Es geht doch nichts darüber, gleich zur Sache zu kommen! Einer der Teenager reichte mir eine Bibel, die genutzt worden war, um die »Fehler« darin zu zeigen. Ich schlug den ersten Vers auf und las der jetzt aufmerksamen Gruppe vor: »Am Anfang schuf Gott ...«

Beim Weiterlesen betonte ich das durchgängige Thema: Gott sagte, und es geschah ... Gott sagte, und es geschah. Dann schlug ich Johannes 1 auf: Das Wort Gottes machte alles, das Wort Gottes ist Gott, das Wort Gottes wurde Mensch und lebte unter uns – Jesus.

Überall im Raum schossen Hände in die Höhe; die Frauen rutschten auf den Rand ihrer Plätze und beugten sich gespannt vor. Gott verwandelte diese muslimische Missionsveranstaltung in ein Forum zur Verkündigung des Evangeliums! Die Frage-und-Antwort-Zeit dehnte sich auf vierzig Minuten aus, und zwei Dinge wurden ganz klar: Die Frauen hatten über diese Fragen schon lange nachgedacht, und Fatimas Argumente hatten sie nicht befriedigt.

An diesem Punkt versuchte die stürmische Anführerin, sich zu Wort zu melden – mit ausgestrecktem Finger und offenem Mund stand sie da, doch es kam kein Wort heraus. Offenbar hatte Gott sie wirklich »zum Schweigen gebracht«! Er hatte außerdem eine Helferin – in Form einer Frau, die neben Fatima saß, ihr immer wieder einen leichten Schlag mit der Hand versetzte und sagte: »Pssst, setz dich hin! Wir wollen die Christin hören!«

> *»Pssst, setz dich hin! Wir wollen die Christin reden hören!«*

Ich spürte, dass diese plötzliche Wendung zu einer peinlichen Situation geführt hatte. Da ich nicht wollte, dass sich irgendjemand dadurch angegriffen fühlte, erschien es mir klüger, das Band des Friedens zu bewahren, indem ich dazu beitrug, dass Fatima und die Sponsoren dieses Abends nicht das Gesicht verloren. »Es tut mir leid, dass ich so viel von Ihrer Zeit beansprucht habe«, erklärte ich bescheiden. »Dies ist Ihr Abend, und wir sollten doch über den Islam sprechen.«

Eine der Frauen wehrte rasch meine Entschuldigung ab. »Aber nicht doch, das war wunderbar! Wir kommen schon seit Jahren zu solchen Veranstaltungen, und das ist das erste Mal, dass uns ein richtiger Christ den christlichen Glauben erklärt hat.«

Gerade als ich anbot, für alle Interessierten einen Bibelkurs bei mir daheim abzuhalten, wurde das Abendessen eröffnet. Die Frauen sprangen auf, doch statt sich am Büfett anzustellen, scharten sie sich dicht um mich. Gleich mehrere von ihnen bestürmten mich mit Fragen. Ich war verblüfft. Wie unglaublich, dass die Unterstützer dieser islamischen Missionsveranstaltung so hungrig nach dem lebendigen Wort Gottes waren!

Nicht nur unsere Familie erlebt Geschichten wie diese. Bei einer Konferenz für christliche Mitarbeiter in der arabisch-islamischen Welt, die vor Kurzem stattfand, erzählten die Teilnehmer aus allen vertretenen Ländern solche erstaunlichen Geschichten. In den letzten zehn Jahren haben sie an Zahl und Häufigkeit zugenommen und markieren einen offenbar steigenden Trend in der Arbeit unter Muslimen. Eine neue Missionarin, die in unsere Gegend kam, war frustriert darüber, wie lange sie brauchen würde, um die Sprache zu lernen. Sie betete für ihre Nachbarn, hatte aber das Gefühl, dass es ewig dauern würde, bis sie zu tiefgründigen Gesprächen in der Lage sein würde. Eines Tages klopfte es an ihrer Tür. Als sie öffnete, standen fünf Frauen an der Schwelle und warteten darauf, ihr eine Frage stellen zu können.

»Sind Sie Christ?«

»Ja …« Die Missionarin staunte, dass ihr erstes Gespräch mit ihren arabischen muslimischen Nachbarn so beginnen sollte.

»Haben Sie eine Bibel?«

»Ja.«

»Wir haben uns unterhalten und beschlossen, dass wir gemeinsam einmal selbst die Bibel lesen wollen. Wenn Sie uns Ihre Bibel benutzen lassen, können Sie auch kommen.«

Es gibt also Muslime, die christliche Missionare zu ihrem Bibelgespräch einladen. Wirkt Gott in der arabischen Welt?

Wir alle müssen noch viel lernen, wenn es darum geht, das Unerwartete zu erwarten. Als Mike Nachhilfe für Arabisch brauchte, lernte er einen Araber kennen, der ziemlich fließend Englisch sprach. Herr Raschid war ein nachdenklicher und intelligenter Mann, gebildet und mit anderen Kulturen vertraut. Die beiden vereinbarten einen Stundenpreis für den Unterricht, doch bald stellten sie fest, dass sie einen immer größeren Teil des Sprachunterrichts auf geistliche Gespräche verwendeten. Herr Raschid genoss die anregende geistliche Diskussion mehr als das öde, monotone Pauken, und natürlich wurde er für seine Zeit bezahlt, ganz gleich, worauf sie verwendet wurde. Für Mike war es ein doppelter Segen. Er konnte das Evangelium weitersagen und hatte gleichzeitig eine willkommene Pause von seiner Schlacht mit der arabischen Sprache. Ein gutes »Geschäft«!

Wir alle müssen noch viel lernen, wenn es darum geht, das Unerwartete zu erwarten.

Auf jeden Fall war es eine gute Investition. Immerhin lernte Mike die Sprache ja überhaupt nur, weil er arabischen Muslimen das Evangelium weitersagen wollte! Herr Raschids Offenheit fürs Gespräch gestattete es Mike, gleich zum Punkt zu kommen. Es war das Highlight seiner Woche und es wuchs eine Freundschaft.

Beide Männer waren als analytische Denker eine Herausforderung füreinander. Ihre sich vertiefenden Diskussionen führten zu immer schwierigeren Fragen, die wiederum beide Männer dazu trieb, ihre Nasen in die Bücher zu stecken. Mike, der schon immer ein feuereifriger Bibelleser war, arbeitete sich noch intensiver als zuvor durch Gottes Wort, um seinem muslimischen Freund die darin enthaltene reiche, unfehlbare Wahrheit weitersagen zu können. Er brachte Herrn Raschid sogar die Grundlagen der Bibelauslegung bei, damit beide eine solide und vereinbarte Methodologie für ihre Studien hatten.

Ihre Treffen setzten sich über Monate fort. Von diesen Gesprächen profitierten nicht nur die beiden Männer, sie führten auch zur Entwicklung von Materialien für die Evangelisation und Jüngerschaftsschulung, die christliche Missionare bei ihrer Arbeit unter Muslimen verwenden konnten. Herr Raschids Argumente, Einwände, Fragen und andere Gedanken waren eine Inspiration und ein unersetzlicher Beitrag zu Mikes Arbeit an den Materialien. Sie sind als Bibelgrundkurs für suchende Muslime oder als Jüngerschaftskurs für Neubekehrte gedacht, werden aber auch in Gemeinden oder Kleingruppen eingesetzt, um Christen dazu anzuleiten, mit Muslimen über ihren Glauben zu reden. Obwohl Mike die arabische Sprache nie so lernte, wie er es sich gewünscht hätte, hatten diese vielen Monate »Sprachstudium« mit seinem Lehrer offenbar einen viel tieferen Sinn in Gottes Plan!

Umm Abayd war eine völlig Fremde. Ich hatte sie bei einem Besuch bei einer Freundin kennengelernt. Sie hatte um meine Telefonnummer gebeten und angefangen, anzurufen und uns – gewöhnlich zur Essenszeit – zu besuchen. Nach einer Weile gewann ich den Eindruck, dass sie einen ganzen Kreis von Personen hatte, die sie besuchte, um keine Lebensmittel kaufen zu müssen. Als ich erneut schwanger und krank wurde, konnte sie nicht mehr zu uns kommen. Erst ein Jahr später sah ich sie wieder. Nachdem wir etwa eine Stunde lang Neuigkeiten ausgetauscht hatten, wurde ihr Gesichtsausdruck ernst.

»Der Film hat mir gefallen«, sagte sie schlicht und einfach.

»Welcher Film?« Ich dachte, sie wäre vielleicht kürzlich im Kino gewesen.

»Der Film, den Sie mir geschenkt haben.« Ich konnte mich nicht daran erinnern, ihr einen Film geschenkt zu haben. Sie bemerkte meine Verwirrung und beugte sich näher zu mir. »Sie wissen schon, der über Jesus.«

Offenbar hatte ich ihr den Jesus-Film geschenkt, eine Verfilmung des Lukasevangeliums. »Was genau hat Ihnen daran gefallen?«, fragte ich.

»Alles.« Sie hob den Daumen und lehnte sich mit einem Gesichtsausdruck, der »Wow!« zu sagen schien, auf ihrem Platz zurück.

»Wussten Sie, dass diese Geschichte aus der Bibel ist?«

»Ja, aus dem Indschil.«

»Das Indschil, das Evangelium, ist ein Teil der Bibel. Haben Sie eine ganze Bibel?«

»Nein, ich habe gar nichts.«

»Darf ich Ihnen beim nächsten Mal eine mitbringen?«

»Ja, bitte!«

»Ich habe auch noch ein paar andere Dinge …«

»Bringen Sie mir alles. Ich möchte mehr davon. Ich möchte alles wissen!«

Ein anderes Beispiel für Unerwartetes ist Amira, eine sanftmütige Witwe, über deren verstorbenen Ehemann das Gerücht kursierte, er sei vor Jahren Christ geworden. Er und seine beiden Söhne waren vor der Zeit gestorben. Amira, die inzwischen alt geworden war, schien es zu genießen, wenn Besucher ihr Gesellschaft leisteten. Sheila, Jane und ich bildeten da keine Ausnahme. Obwohl Amira freundlich war und uns mit der gleichen Gastfreundlichkeit ehrte wie ihre muslimischen Gäste, machte sie einen Unterschied. Bei der Begrüßung bedeckte sie ihre Hand mit dem langen Ende ihres Kopftuchs, um unsere Hände nicht tatsächlich berühren zu müssen. Manchmal wusch sie sich sogar hinterher. Trotzdem lud sie uns immer wieder ein.

Bei einem unserer Besuche unterhielten wir uns über Kaffee und ich versprach ihr, ihr beim nächsten Mal eine Kanne amerikanischen Kaffee mitzubringen. Sie schien die Idee amüsant zu finden und stimmte uns zu, dass es vielleicht nett wäre, eine neue Erfahrung zu machen. Ich hatte das Gefühl, dass es auch eine ganz neue Erfahrung sein würde, etwas von ihren Gästen zu erhalten. Amira galt als wohlhabend, und viele Leute »besuchen« wohlhabende Menschen, weil sie Geschenke erwarten. Als wir ihr bei unserem nächsten Besuch amerikanischen Kaffee und Donuts präsentierten, war sie richtiggehend überrascht und sehr erfreut. Sie trank mehrere kleine Tassen von unserem Kaffee und erinnerte sich daran, dass ihr Mann seinen Kaffee genau so gemocht hatte – stark und ohne Gewürze. Beim nächsten Besuch wurden wir mutiger.

Obwohl wir ihr sehr gern eine Bibel geschenkt hätten, stellte sich heraus, dass Amira nie lesen gelernt hatte. Sie war in einer Welt aufgewachsen, in der Jungen nur zur Schule gingen, um den Koran rezitieren zu lernen, und Mädchen gar keine Schulbildung genossen. Bei unserem nächsten Besuch brachten wir ihr eine hübsch als Geschenk verpackte zwölfteilige Hörspielversion der Bibel auf Kassette mit. Sie konnte das Evangelium nun auf die Art und Weise hören, die ihr am vertrautesten war – durch die altbewährte arabische Kunst des Geschichtenerzählens. Sie war begeistert! Woher ich das weiß? Bei unserem nächsten Besuch eilte sie mit einem breiten Lächeln auf dem Gesicht auf uns zu und begrüßte jede Einzelne von uns mit bloßen Händen – und zwar mit beiden!

> *Amira konnte das Evangelium nun auf die Art und Weise hören, die ihr am vertrautesten war – durch die altbewährte arabische Kunst des Geschichtenerzählens.*

Hat Amira je gesagt, dass sie an Jesus den Messias glaubt? Nicht dass ich wüsste. Entmutigt uns das? Nicht im Geringsten. Unter den Muslimen herrscht noch immer große Angst vor Repressalien, was sie davon abhält, ganz offen über ihren

Glauben zu sprechen. Das bedeutet aber nicht unbedingt, dass sie nicht an Jesus glauben – wie neu, klein oder unerprobt dieser Glaube auch sein mag.

Einmal bat ich Gott um ein Zeichen dafür, dass er dabei war, im Leben unserer Nachbarn zu wirken. Unsere Familie war längere Zeit aus unserer kleinen Stadt fortgewesen, und als wir zurückkehrten, schien es einen geistlichen Rückschritt gegeben zu haben. Hatten sie alle vergessen, was sie von Jesus Christus gesehen und gehört hatten? Hatte der Böse die Samen weggenommen, die auf diesen Boden gesät worden waren? Ich für meinen Teil brauchte etwas Ermutigung.

Ich bat Gott, mir ein Zeichen dafür zu geben, dass er noch im Herzen unserer Nachbarn wirkte, indem sie bei meinem Besuch besondere frittierte Teigbällchen namens Luqmat servierten. Normalerweise wurden sie nur für Festlichkeiten wie Hochzeiten oder die Ramadan-Feste zubereitet; es wäre ungewöhnlich, sie jetzt vorgesetzt zu bekommen. Ich telefonierte herum und verabredete für einen Abend einen Besuch bei drei alten Freunden. Sie wollten alle unbedingt unser neues Baby sehen, und ich erwähnte, dass ich meine Besuche kurzhalten müsste, da die Kleine nicht stundenlang durch die Gegend geschleppt werden konnte. Bevor ich aufbrach, fragte ich Gott, ob ich irgendwelche christlichen Materialien mitnehmen sollte. Einige Dinge fielen mir ein, die ich in eine separate Tasche packte und sicher im Auto verstaute.

Mein erster Besuch war wunderbar, und die Frauen nahmen gern mein Geschenk an – einen neuen Bibelfilm. Es war ein berührender Film, der sich darauf konzentrierte, wie Jesus in der Bibel mit den Frauen umging. Er zeigte, wie er sie behandelte, und die Wunder, die er für sie tat. Gottes liebevolle Fürsorge und Achtung für die Frauen, die er geschaffen hatte, wurde in dem Film wunderbar deutlich. Schareen, die seit dem Tod ihres Mannes vor einigen Jahren die Herrin in ihrem Haus war, nahm mich gern ein wenig unter ihre »Fuchtel«. »Bevor du heimgehst, wirst du noch Rahma besuchen«, informierte sie mich.

Rahma war seit Jahren eine liebe Freundin von Schareen, doch ich kannte sie eigentlich nicht besonders gut. Wir hatten uns einige Male bei Besuchen gesehen, und mir war ihr freundliches und sanftes Wesen aufgefallen. Als Schareen von einer Krankheit geheilt wurde, brachte sie mich zu Rahma, damit ich für eines ihrer kranken Kinder beten konnte. Rahma hatte im Alter von dreizehn Jahren geheiratet, und ihre Ehe mit einem Cousin ersten Grades hatte bei ihren neun Kindern Erbkrankheiten hinterlassen. Der einjährige Fuad war buchstäblich mit einem halben Gehirn geboren worden. Er lag auf seiner Matte und war eindeutig zu klein für sein Alter. Obwohl seine Augen offen waren und er sich aufmerksam umzuschauen schien, war sein Körper, wenn man ihn hochhob, so schlaff und nachgiebig wie der einer Stoffpuppe. In der Vergangenheit hatten schon drei von uns Christen gemeinsam über ihm gebetet, doch scheinbar vergebens.

Ich wusste, dass Rahmas Haus in der Nähe war, doch warum musste ich sie extra besuchen? Warum konnte sie nicht einfach mit zu einer der anderen Frauen kommen, mit denen ich schon Termine hatte?

»Schareen, ich muss noch zwei Besuche machen, und das Baby wird schon unruhig. Kannst du nicht einfach Rahma von mir grüßen?«

Im nächsten Haus wurde ich von allen Frauen herzlich willkommen geheißen – außer von einer, der Frau, die ich meine »arabische Mutter« nenne. Sie war an jenem Abend zu allen eher kurz angebunden.

»Ya Ummi«, fragte ich, »warum freust du dich nicht, mich zu sehen?«

Rasch entschuldigte sie sich. »Es liegt an den Schmerzen in meinem Kopf. Ich habe solche Kopfschmerzen!« Nachdem ich ihr einige Fragen über die Ursache und Dauer ihres Problems gestellt und mich erkundigt hatte, welche Mittel sie schon ausprobiert hatte, dämmerte es mir, dass dies eine perfekte Gelegenheit war, das Gespräch auf geistliche Dinge zu lenken.

»Soll ich für dich beten? Vielleicht wird Gott die Schmerzen wegnehmen.«

Bereitwillig stimmte sie zu. Es war eine neue Schwiegertochter im Haus, die das noch nie erlebt hatte, doch der Rest der Familie wusste bereits aus persönlicher Erfahrung, wie Gott Gebet erhören kann. Daher beunruhigte es mich umso mehr, dass sie alle jetzt so gleichgültig und unberührt wirkten. Ich wollte ihrem Gedächtnis auf die Sprünge helfen und betete laut: »O Gott im Himmel, ich danke dir für alles, was du schon für diese Familie getan hast. Du hast ihnen in der Vergangenheit deine Liebe und Barmherzigkeit durch erhörte Gebete gezeigt. Du hast ihnen dein Wort gebracht und es ihnen persönlich auf vielfältige Weise bestätigt. Bitte lass sie nicht vergessen, was du alles für sie getan und was du ihnen über dich und deine Wege beigebracht hast. Zeig ihnen erneut, dass Jesus der einzige Weg zu dir ist und dass du bereit und fähig bist, sie zu retten, körperlich und geistlich. Ich bete, dass du meine arabische Mutter von diesen Schmerzen heilst und dadurch ihre ganze Familie an deine Wahrheit erinnerst und sie von deiner Wahrheit überzeugst, die du ihnen offenbart hast. Darum bitte ich dich im Namen Jesu. Amen.«

»Soll ich für dich beten? Vielleicht wird Gott die Schmerzen wegnehmen.«

Auch sie nahmen ein Exemplar des Bibelfilms an. Ich kann mir vorstellen, dass die neue Schwiegertochter nach meinem Abschied jede Menge Fragen an ihre Verwandten hatte – »Wovon hat diese Frau gesprochen? Was hat Gott in der Vergangenheit für unsere Familie getan?«

Als ich an ihrem Haus aus dem Tor in der Mauer trat, sah ich Rahma die Straße entlang auf mich zu rennen. »Du musst mich besuchen. Hat Schareen es dir erzählt? Du musst in mein Haus kommen.« Ich erklärte, dass ich noch einen Termin vor mir hatte, und sagte, dass ich versuchen würde, hinterher bei ihr vorbeizukommen – obwohl das Baby bereits erschöpft war. Warum konnten wir nicht ausmachen, uns ein andermal zu treffen?

Im dritten Haus waren die Frauen, mit denen ich mich verabredet hatte, kurzfristig fortgerufen worden. Zwei waren noch daheim, die auf das Haus aufpassen mussten. Sie hießen mich willkommen und baten mich herein, doch der Besuch war kurz und ich ging ein wenig eher. Sofort erschien Schareen wieder auf der Bildfläche. »Jetzt wirst du Rahma besuchen. Komm.« Sie schien nicht zur Kenntnis zu nehmen, dass das Baby inzwischen laut weinte und fast nicht mehr zu beruhigen war. Es war beinahe Zeit fürs Abendessen und schon längst Schlafenszeit für die Kleine. Im Stillen fragte ich Gott, was ich tun sollte. *Soll ich mich um mein Kind kümmern oder mir Zeit für Rahma nehmen?* Es war, als sagte Gott: *Ich werde mich um dein Kind kümmern. Geh Rahma besuchen.*

Kaum war ich dort angekommen, erschallte der letzte Gebetsruf des Tages. Alle verschwanden und ließen mich mit meinem schreienden Säugling allein. *Toll*, dachte ich. *Wie lange wird es wohl dauern?* Ich kam auf Gottes Angebot, für mein Kind zu sorgen, zurück, lenkte meine Gedanken bewusst auf die bevorstehende Begegnung und begann zu beten. Binnen weniger Minuten beruhigte sich das Baby. Bald kamen die Hausbewohner zurück in den Raum, und als ich mich umdrehte, stand ein großes Tablett mit Essen auf dem Boden. Und darauf war eine große Platte voller köstlicher Luqmat! Vielleicht war ich von den Umständen abgelenkt, denn – so unglaublich das auch klingt – ich registrierte gar nicht, dass Gott mir gerade das Zeichen gegeben hatte, um das ich ihn gebeten hatte: Er wirkte immer noch im Leben meiner Nachbarn. Und er wirkte in Rahmas Haus.

Schareen schien sehr zufrieden mit sich zu sein, als sie sich neben mir an dem Tablett niederließ. Einige der Kinder kamen, um mich zu begrüßen, und dann brachte Rahma Fuad herein und setzte ihn vor uns hin. Fuad saß! Er saß!!!

»Er kann sitzen!« Mein Erstaunen brachte ein stolzes Lächeln auf die Lippen sämtlicher Familienmitglieder im Raum. »Was ist passiert? Was hast du gemacht? Das ist wunderbar!«

Bevor irgendjemand sonst die Gelegenheit hatte, das Wort zu ergreifen, platzte Schareen mit der Antwort heraus: »Die Ärzte haben ihr gesagt, dass sie nichts mehr machen könnten, und dann hat Rahma es selbst gemacht!« Sie strahlte über die Leistung ihrer Freundin – zu Recht! Dann beschrieb Rahma die tägliche Therapie, die sie etwa ein Jahr lang konsequent durchgeführt hatte. Sie hatte Fuads Muskeln für ihn trainiert, bis er ohne Hilfe sitzen konnte. Ich überschüttete sie mit Lob. Es war eine unglaubliche Leistung, besonders mit acht weiteren Kindern, um die sie sich kümmern musste, und ohne Haushaltshilfe! Welche Liebe sie für ihren kleinen Sohn hatte, welche Geduld und Treue! Gott segne sie.

Später, als ich mich erhob, um mich zu verabschieden, dankte Rahma mir für mein Kommen und setzte schüchtern hinzu: »Hast du nichts für mich?« Da es üblich ist, einen kleinen Beutel Obst oder ein anderes kleines Geschenk mitzubringen, wenn man jemanden besucht, den man eine Weile nicht gesehen hat, nahm ich an, dass sie darauf anspielte.

»Es tut mir sehr leid, aber ich wusste ja nicht, dass ich heute herkommen würde, also habe ich nichts mitgebracht.«

»Nein, ich meine, hast du nicht etwas für mich?«

Ich hatte immer noch keine Ahnung, also konnte ich nur fragen: »Was meinst du?«

»Na, du hast Schareen doch einen Film gegeben …«

Wie groß musste der Zaunpfahl eigentlich noch sein, mit dem sie mir winkte?! Musste sie mir etwa ins Gesicht sagen: »Bitte gib mir christliche Materialien?«

Endlich begriff ich, was hier vor sich ging. Schareen hatte nicht darauf bestanden, dass ich Rahma allein daheim besuchte, damit ich Fuad sitzen sehen konnte, sondern weil Rahma auf der Suche nach Jesus war! Sie wollte die christliche Botschaft hören, und Schareen wusste, dass ich ihr helfen konnte.

In jenem Augenblick begriff ich auch, wie eng und herzlich die beiden miteinander befreundet sein mussten. Die eine Frau war auf der Suche nach Jesus, und sie vertraute ihrer Freundin genug, um ihr dieses potenziell tödliche Geheimnis zu verraten. Die andere war eine fromme Muslima, doch sie war bereit, ihre suchende Freundin mit einer Christin in Kontakt zu bringen. Wenn das herauskam, waren beide Frauen geliefert!

Die eine Frau war auf der Suche nach Jesus, und sie vertraute ihrer Freundin genug, um ihr dieses potenziell tödliche Geheimnis zu verraten. Die andere war eine fromme Muslima, doch sie war bereit, ihre suchende Freundin mit einer Christin in Kontakt zu bringen.

»Ja, ich habe Schareen einen Film geschenkt. Hast du einen DVD-Spieler, auf dem du dir Filme ansehen kannst?« Sie hatte keinen, doch Gott hatte bereits für ihre konkreten Bedürfnisse vorgesorgt. Ich erinnerte mich an die Materialien, die ich, einer Eingebung folgend, mitgebracht hatte, und ging hinaus zum Auto, um sie zu holen. Es gab eine zwölfteilige Hörspielausgabe der Bibel auf Kassette, ein Buch mit dem Titel »Reise des Lichts« von einem ehemaligen Muslim, der es speziell für Muslime geschrieben hatte, und eine Kassette mit einheimischer arabischer Lobpreismusik. Rahma bedankte sich mehrmals bei mir und hielt ihre neuen Schätze in den Armen fest an sich gedrückt.

Erst als ich im Auto saß und wegfuhr, begann ich, das ganze Bild zu erkennen. Bei allen meinen vorher geplanten Besuchen hatte ich »Dienst getan«, und das war in Ordnung so. Doch es war der ungeplante, ungewollte und scheinbar unnötige Besuch, der sich als der Ort herausstellte, an dem Gott am meisten wirkte. Ich war so dankbar, dass er mich diese Gelegenheit nicht hatte versäumen lassen.

Ich sage dir: Sei stark und mutig! Hab keine Angst und verzweifle nicht. Denn ich, der Herr, dein Gott, bin bei dir, wohin du auch gehst.

Josua 1,9

5. Die Belange der Familie

»Und was ist mit Ihren Kindern?«

Das ist wahrscheinlich die Frage, die Mike und ich am häufigsten hören, wenn andere erfahren, dass wir in der arabisch-islamischen Welt leben. Unsere westlichen Freunde daheim fragen sich, wie wir unsere Kinder sicher an einem Ort großziehen können, wo auch islamische Fundamentalisten wohnen. Unsere orientalischen Nachbarn wiederum fragen sich, warum wir nicht schon früher hierher gezogen sind. Als die Bewohner unserer kleinen Stadt herausfanden, dass Mike in New York geboren und aufgewachsen war, nickten und lächelten sie wissend – deshalb war der Amerikaner also nach Arabien gekommen. Er musste seine Familie vor all den Drogen, Gangs, Prostituierten, Mafiosi und Räubern in Sicherheit bringen!

Natürlich gibt es keinen Ort auf der Erde, der vor allem Bösen wahrhaft sicher ist. Es gibt überall gute und schlechte Menschen, und in allen Lebenssituationen gibt es Vor- und Nachteile. Einer der Vorteile daran, dass wir hier leben, ist, dass unsere Kinder so gut wie keinen pornografischen Bildern ausgesetzt sind. Die Männer und Frauen, an denen wir auf der Straße vorbeigehen, sind vollständig bekleidet, die Werbung ist »sauber«, und bis vor Kurzem wurden importierte Lektüre und Filme sogar zensiert. Wenn man eine ausländische Zeitschrift oder Zeitung kaufte, war es nicht ungewöhnlich, dass anzügliche Fotos und Anzeigen dick ge-

Unsere westlichen Freunde daheim fragen sich, wie wir unsere Kinder sicher an einem Ort großziehen können, wo auch islamische Fundamentalisten wohnen. Unsere orientalischen Nachbarn wiederum fragen sich, warum wir nicht schon früher hierher gezogen sind.

schwärzt waren. Zweifellos gibt es hier genauso viel sexuelle Sünde wie überall, doch sie wird eher versteckt als verführerisch und offen zur Schau gestellt.

Wie sich die meisten unserer westlichen Freunde vorstellen können, besteht ein Nachteil des Lebens hier darin, dass viele Dinge, die das Leben »schöner« und heimischer machen können, nicht erhältlich sind. Doch das galt noch eher für unsere ersten Jahre in Arabien als für heute. Ach, was würden wir für eine Ameisenfalle geben, die den Ameisen tatsächlich den Garaus macht, für einen Haushaltsreiniger, der tatsächlich »sauber« riecht, oder für Schuhe, die unseren überdimensionalen amerikanischen Füßen passen. Papierhandtücher, Eiswürfelformen, einen pfeifenden Teekessel, Wick VapoRub, Labellos, Nestlé Schoko-Chips. Das Schmerzhafte daran ist natürlich das Wissen, dass das, was man will, genau in diesem Moment im dritten Fach von unten in Reihe fünf des Supermarkts im Heimatort steht. Und man könnte es sofort für weniger als fünf Dollar haben, wenn man sich nicht auf der anderen Seite der Erde befinden würde. Obwohl all das neben so großen Sorgen wie religiöser Unterdrückung oder der Missachtung von Menschenrechten unbedeutend erscheint, sind es doch diese Dinge – so klein sie auch sein mögen – die irgendwie im alltäglichen Leben eine Rolle spielen.

An jedem Ort, ungeachtet der Vorzüge und Nachteile, ist eines ganz sicher: Unsere Kinder müssen lernen, Gott zu kennen und zu vertrauen, so wie Ihre Kinder auch. So wie Sie und ich. Ganz gleich, wo eine Familie lebt: Die Eltern beten für die Sicherheit, Charakterentwicklung und Zukunft ihrer Kinder. In diesem Kapitel möchte ich einen anderen Fokus wählen und etwas davon erzählen, wie treu Gott

Ganz gleich, wo eine Familie lebt: Die Eltern beten für die Sicherheit, Charakterentwicklung und Zukunft ihrer Kinder.

unsere Familie in den Lebensumständen versorgt, die er für uns gewählt hat.

Als Mike und ich nach Arabien kamen, wussten wir, dass Gott uns hierher geführt hatte. Es war uns relativ leicht gefallen, unser vertrautes Heimatland zu verlassen. Wir waren gespannt auf das, was Gott für uns geplant hatte. Aber was war mit Tim? Als ich ihn bei unserem ersten Ausflug auf den örtlichen Souk (Markt) trug, klammerte er sich an meine Bluse. Er hatte Angst vor den Figuren in den schwarzen Gewändern, die die Straßen füllten. Er vergrub sein Gesicht an meiner Brust, und seine ängstliche kleine Stimme drang gedämpft in meine Kleider. »Mama, schau! Hexen!« Natürlich war die Erklärung, dass alle Mamas in Arabien aus Sittlichkeitsgründen schwarze Gewänder trugen, erst der Anfang. Wie würde Gott diesen fremden Ort je zur »Heimat« für unsere Familie machen?

Ganz zu Beginn lebten wir vorübergehend in einem winzigen Mietshaus. Dort wohnten noch zwei weitere Familien mit Kindern, eine alleinstehende Person und der Hausmeister mit seiner verwitweten Mutter. Der Sohn der einen Familie, Muhammad, war nur ein oder zwei Jahre älter als unser fünfjähriger Tim, und die beiden Jungen verstanden sich auf Anhieb. Trotzdem war es für Mike und mich ein Glaubensschritt, unseren kleinen Sohn zum ersten Mal ganz allein bei Muhammad spielen gehen zu lassen. Ich war dankbar, dass sie aus irgendeinem Grund meistens in unserer Wohnung oder draußen spielten, wo ich sie vom Balkon aus beobachten konnte.

Eines Tages bemerkte ich, dass Tim ganz versunken einige seiner Spielsachen in Schreibpapier wickelte und wie Geschenke zuklebte. Nachdem er eine Armladung solcher »Geschenke« fertig gepackt hatte, versuchte er, sich unbemerkt an mir vorbei zur Wohnungstür hinauszuschleichen. Mit gesenktem Kopf murmelte er: »Tschüss, Mama, bis später.«

»Hey, einen Moment mal, junger Mann. Wo willst du hin, und wozu hast du das ganze Spielzeug eingepackt?«

»Das habe ich für Muhammad eingepackt.« Er machte eine Pause, bevor er weitersprach. »Ich will ihm das Spielzeug schenken.« Ganz offensichtlich erwartete Tim, dass ich nicht einverstanden sein würde. Aus Angst, dass ich vielleicht seine Pläne durchkreuzen könnte, erklärte er mir rasch seine Gründe. »Mama, du weißt nicht, wie es bei Muhammad aussieht. Seine ganzen Geschwister und er haben nur ein Spielzeug und ein Plastikpferd zum Spielen, und beides ist kaputt. Ich habe viel Spielzeug, also will ich das hier Muhammad schenken. Es gehört mir, also kann ich es doch an jemanden verschenken, wenn ich will, oder?«

In diesem Augenblick, beladen mit Spielzeug, das er opfern wollte, sah unser Sohn aus wie eine wandelnde Werbung für »Was würde Jesus tun?«. Ich konnte mir bildlich vorstellen, wie sein Schutzengel samt der Wolke von Zeugen hinter ihm stand und mich streng anschaute, wie um zu sagen: »Du wirst das hier doch nicht vermasseln, oder?«

Natürlich antwortete ich: »Klar kannst du das, Tim. Es ist dein Spielzeug und ich bin stolz auf dich, dass du es mit deinem Freund teilen willst.«

In diesem Augenblick, beladen mit Spielzeug, das er opfern wollte, sah unser Sohn aus wie eine wandelnde Werbung für »Was würde Jesus tun?«.

Dann meldete sich ein anderer Teil in mir zu Wort, der Teil, der dachte: *Was in aller Welt tust du da? Weißt du nicht, dass wir von Missionsspenden leben?* Es war wichtig, dass der Junge begriff, dass sein Opfer wirklich sein Opfer war und kein von Mama und Papa gesponsertes Geschenk. Dieser Teil von mir musste einfach noch Folgendes hinzusetzen: »Aber gib nicht noch mehr Spielzeug weg, sonst hast du selbst nichts mehr, womit du daheim spielen kannst, okay? Papa und ich können dir leider kein neues Spielzeug für das kaufen, was du verschenkst.«

Tim war auch nach dem »Überschlagen der Kosten« noch unbeeindruckt. Sein leuchtendes kleines Gesicht strahlte gleich noch ein bisschen heller, als er den elterlichen Segen für seine Mission erhalten hatte, und er rannte davon, um seine Geschenke abzuliefern. Ich fragte mich, wie sie wohl aufgenommen werden würden – in zerknittertes Schreibpapier eingewickelt und so weiter. Vielleicht verstand Muhammads Familie die Geste ja ganz falsch und war beleidigt? Und noch schlimmer, was, wenn sie dafür dann Tim beleidigten? Seine Geste sollte doch nur seine Freundschaft und seinen guten Willen zum Ausdruck bringen.

Ein Weilchen später kam Tim zurück. Sein Gesicht strahlte und er hatte eine Blume in der Hand. Er hielt sie hoch wie einen wertvollen Schatz und erklärte: »Muhammad fand das Spielzeug ganz toll! Er ist rausgegangen und so lange rumgelaufen, bis er einen Busch mit Blumen gefunden hat, an den er herankam. Dann ist er hochgeklettert und hat die Blume hier gepflückt und sie mir geschenkt! Kann ich ein Glas Wasser dafür haben, Mama?« Für Tim war es mehr als eine Blume. Es war eine aufrichtige Geste von Muhammads Freundschaft. Diese Blume blieb lange auf ihrem Ehrenplatz auf Tims Nachttisch – noch lange, nachdem sie verblüht war.

Für Tim war es mehr als eine Blume. Es war eine aufrichtige Geste von Muhammads Freundschaft.

Gott kannte unseren Sohn und hatte ihm genau das gegeben, was er brauchte, damit Arabien seine »Heimat« werden konnte. Gott hatte ihm einen Freund geschenkt. Wer hätte gedacht, dass Tims liebevolles Eingehen auf die Bedürfnisse eines relativ Fremden dazu führen würde, dass sein eigenes größtes Bedürfnis gestillt wurde? Mike und ich staunen immer wieder über die Erziehungsmethoden unseres himmlischen Vaters – und lernen davon. Sein Wirken im Leben unserer Kinder ist ein ganz eigenes Zeugnis für die Menschen in unserer Umgebung.

Eines Morgens auf dem Weg aus unserer kleinen Stadt hinaus, unterwegs zu einigen Besorgungen, saß der siebenjährige Tim vorn im Auto neben mir. Er war ungewöhnlich still und nachdenklich, als ich die staubige Straße hinunterfuhr. Dann beschloss er, das Schweigen zu brechen und den Sorgen Ausdruck zu verleihen, die ihm auf seiner kleinen Seele lagen. »Mama, werden wir für immer in unserer kleinen Stadt leben?«

Der negative Tonfall der Frage überraschte mich, da Tim mit seinem Leben hier immer zufrieden gewesen war. Er kannte kein anderes Zuhause. Als wir die Vereinigten Staaten verlassen hatten, war er kaum drei Jahre alt gewesen. Diese ersten Jahre seines Lebens hatte er damit zugebracht, mit uns in hunderte Gemeinden zu reisen, um von unserer Vision zu erzählen und einen Unterstützerkreis aufzubauen. Unser Haus in unserer kleinen Stadt war das erste Zuhause, das wir als Familie hatten. Ich wollte den Grund für seine Frage erfahren und erkundigte mich: »Wieso? Möchtest du nicht für immer hier wohnen?«

Mit der Nüchternheit, die man gewinnt, wenn man einen Gedanken gründlich von allen Seiten betrachtet hat, gestand er: »Manchmal möchte ich in Amerika wohnen, weil es da schneit, und hier schneit es nie. Die Kinder in Amerika können jeden Tag im Schnee spielen!«

Tims Antwort erleichterte mich. Und sie war niedlich. Ich war froh, dass wir vor keiner größeren Krise standen. Allerdings wusste ich auch, dass nicht einmal der Klimawandel es in unserer Wüste schneien lassen würde. Ich versuchte, mein

Kind aufzumuntern, indem ich es daran erinnerte, dass es an einem Ort wie hier zwar nicht schneien konnte, aber dass es im Winter regnete – und Regen macht doch auch Spaß.

»Aber wir hatten Winter und es hat nicht geregnet!«, klagte er.

Unglücklicherweise hatte er recht. Tatsache war, dass es schon drei Winter lang nicht geregnet hatte. Der Gedanke, dass Gott sicher einen guten Grund dafür hatte, dass es nicht regnete, und dass es sicher ein größeres Ziel dabei gab, trug nicht viel dazu bei, seine kindlichen Wünsche zu befriedigen. Ich gab meine lahmen Versuche, die Sache logisch anzugehen, auf und versuchte stattdessen, Tim aufzumuntern: Wir redeten darüber, was er machen wollte, wenn es das nächste Mal regnete. Prompt ratterte er eine ganze Liste von Ideen für Spiele im Regen herunter. Es war offensichtlich, dass er schon eine ganze Weile über dieses Thema nachgedacht hatte. Während er sprach, ging Tim irgendwo in seinem Kopf ein Licht auf. Er hatte eine geniale Idee!

»Du, Mama, Gott könnte es doch auch im Sommer regnen lassen! Er kann es doch regnen lassen, wann er will.«

Sofort wusste ich, worauf er mit seinem Gedankengang hinauswollte. *O nein!*, dachte ich. *Herr, bitte lass dieses Kind nicht um Regen beten.* Ich muss gleich bekennen, dass ich nicht glaubte, dass Gott Regen schicken würde. Erstens müssen die Wetteransager hier morgens nicht einmal aufstehen. Sie haben nichts zu berichten. Es ist jeden Tag »heiß, sonnig, klar«. Und im Sommer ist es »heißer, sonniger, klarer«. Zweitens steckten wir mitten in einer dreijährigen Dürreperiode. Drittens war es August – die heißeste, trockenste Zeit im Kalenderjahr. Sicher, Gott kann alles, aber er würde es doch sicher nicht aus (buchstäblich) heiterem Himmel regnen lassen. Ich konnte mir nicht vorstellen, wie unser kleiner Sohn einen solchen Tiefschlag für seinen Glauben verkraften sollte.

Doch er sprach weiter und wurde noch mutiger: »Gott kann es auch jetzt gleich regnen lassen. Ich finde, wir sollten ihn darum bitten. Können wir beten?«

Bevor ich irgendetwas erwidern konnte, fasste Tims kleine Hand fest die meine und sein Kopf beugte sich zum Gebet. »Lieber Gott, wenn es dir recht ist und wenn es deine anderen Pläne nicht durcheinanderbringt, könntest du es dann bitte regnen lassen? Wir können verstehen, wenn du es aus irgendeinem Grund nicht gleich regnen lassen kannst, aber wenn es okay ist, dann würden wir uns wirklich über Regen freuen …«

Sofort wusste ich, worauf er mit seinem Gedankengang hinauswollte. »O nein!«, dachte ich. »Herr, bitte lass dieses Kind nicht um Regen beten.«

Der nächste Tag war ein normaler Sommertag. Unsere Klimaanlagen schafften es, das Haus auf etwa 29 bis 32 Grad herunterzukühlen – immerhin knapp 20 Grad weniger als die Außentemperatur. Tim spielte allein in seinem Zimmer, während Lydia schlief. Ich war gerade dabei, das Wohnzimmer abzusaugen, als plötzlich der Strom ausfiel. Das passierte oft in den Sommermonaten. Ohne das Dröhnen und Klappern der elektrischen Geräte wurde das Haus rasch sehr still – und sehr heiß. Da ich nicht wusste, wie lange der Stromausfall dauern würde, legte ich mich auf den Teppich, um mich von der Hitze auszuruhen, bis die außer Gefecht gesetzten Geräte wieder ansprangen. Wegen der Unterbrechung unserer Aktivitäten und der auffälligen Stille drang Tim und mir nach und nach ein Geräusch von draußen ins Bewusstsein. Es war eine Art Grollen.

Tim sprach es zuerst aus. »Mama, hörst du das?«

Es klang wie Donner, aber natürlich konnte das nicht sein. »Muss ein Flugzeug sein«, antwortete ich. Wieder hörten wir das Grollen. »Nein«, gab ich dann zu, »das kann kein Flugzeug sein. Gehen wir mal nachschauen.«

Als ich die Haustür öffnete, war ich überrascht, wie dunkel es draußen war. Es war erst um die Mittagszeit, doch es sah aus, als wäre die Sonne schon fast untergegangen. Wir konnten den Himmel nicht sehen, weil unser Verandadach mehr als vier Meter über das Haus hinausragt, also mussten wir bis in den Hof gehen, um hochschauen und sehen zu können, was los war.

Direkt über unserem Haus hing die dunkelste, dickste Regenwolke, die ich je gesehen hatte. Sie hing ungewöhnlich tief und sah aus, als wäre sie von ihrem eigenen immensen Gewicht aus dem Himmel hinuntergezogen worden. Soweit ich von meinem Standort aus sehen konnte, stand die etwa zwei Straßenzüge große Wolke so am Himmel, dass unser Haus in der Mitte unter ihr lag. Tim und ich standen mit offenem Mund da. Dann hörten wir ein anderes Geräusch. Es war das *Ping! Ping! Ping!* von Regentropfen, die auf unseren Wellblech-Carport zu fallen begannen.

»Tim! Gott antwortet auf dein Gebet! Kannst du die Regentropfen fühlen? Es regnet tatsächlich!«

Tim stemmte die Hände in die Hüften und nahm die Situation in Augenschein. »Eigentlich hatte ich mit mehr Regen gerechnet.« Doch fest entschlossen, trotzdem das Beste daraus zu machen, drehte er sich um, ging ins Haus und holte seinen Regenschirm. Kaum hatte er das getan, gab es einen Wolkenbruch. Es schüttete wie aus Eimern.

Unsere Nachbarn kamen aus ihren Häusern und standen im Regen. Der Umstand, dass sie dabei klitschnass wurden, schien sie nicht abzuschrecken. Sie betrachteten das Spektakel und fragten einander verwundert: »Was ist das denn? Wie kann das sein?« Auch die Kinder kamen heraus auf die Straße, um in dem kühlenden Regen zu spielen. Tim konnte alles machen, was auf seiner Was-würde-ich-machen-wenn-es-regnete-Liste stand, und dann kam er herein, um mich um eine Tasse heißen

Kakao zu bitten. (»Denn das«, erklärte er, »machen Kinder in Amerika, nachdem sie im Regen gespielt haben.«) Als er mit allem fertig war, hörte der Regen auf.

Manchmal frage ich mich, was wohl passiert wäre, wenn Tim um Schnee gebeten hätte?

Unsere Familie gehörte nun schon seit mehreren Jahren fest zu unserer kleinen Stadt und wir hatten Gott ein ums andere Mal wirken sehen. Er hatte uns Gelegenheit gegeben, sein Wort weiterzusagen, und es dann in den Herzen der Menschen bestätigt. Muslime hörten das Evangelium. Einige hatten Bibeln, Videos oder Kassetten bekommen. Mike hatte einen muslimischen Mann zu Jesus geführt und mit einem anderen einen Jüngerschaftskurs gemacht. Doch jetzt schien der Feind sich für seine Verluste zu rächen.

Unser zweites Kind, die vierjährige Lydia, hatte häufig Albträume. Wir hatten alles versucht, was uns eingefallen war, um ihr zu helfen, diese Albträume loszuwerden. Nach unserem Familiengebet beteten wir noch einmal extra für Lydia. Wir zitierten Bibelstellen und baten Gott, sie zu beschützen und ihr gute Träume zu geben. Wir brachten unserer Kleinen entsprechende Bibelverse bei, die sie auswendig lernen und, wenn es nötig war, sich selbst vorsagen konnte. Wir brachten ihr bei, selbst konkreter zu beten. Manchmal schien es zu helfen, doch oft half es auch nicht. Warum diese wechselhafte Situation? Trotz all unserer Gebete und Bemühungen wachte sie drei oder vier Mal pro Nacht völlig verängstigt auf. Sie kam in unser Schlafzimmer gerannt und sprang zwischen Mike und mir ins Bett,

Muslime hörten das Evangelium. Doch jetzt schien der Feind sich für seine Verluste zu rächen.

wo sie sich sicher fühlte. Dann, nachdem sie uns ihre furchterregenden Träume erzählt hatte und von uns getröstet worden war, schlief sie endlich wieder ein. Leider konnte ich nicht schlafen, wenn Lydia in unserem Bett lag. Also lag ich wach auf dem Rand meiner Matratze und wartete, bis sie tief genug eingeschlafen war, um sie zurück in ihr Zimmer zu tragen und in ihr Bett zu legen. Gerade wenn ich selbst wieder eingeschlafen war, wachte Lydia von einem weiteren Albtraum auf und die ganze Prozedur wiederholte sich. Wochenlang hievte ich mich Morgen für Morgen aus dem Bett. Die Albträume beeinträchtigten unser ganzes Familienleben und machten mich unbrauchbar für den ganz normalen Alltag, geschweige denn für den Dienst.

Zu allem Überfluss beobachteten unsere Nachbarn die ganze Sache und tadelten uns deswegen. Ihrer Ansicht nach war es nicht einmal für einen Erwachsenen sicher, nachts allein zu schlafen. Wenn sie zu Bett gingen, schliefen alle weiblichen Familienmitglieder in einem Raum und alle männlichen in einem anderen. Zusätzlich gab es in jedem Zimmer ein *Dschinn*-Licht und alle Kinder trugen Amulette, um das Böse abzuwehren. Sie zogen sogar den kleinen Jungen Mädchensachen an, in der Hoffnung, dass die bösen Geister sie für wertlose Mädchen hielten und sich nicht die Mühe machten, ihnen etwas zu tun. Die Nachbarn staunten über unsere Dickköpfigkeit. Warum investierten wir so viel Mühe ins Gebet und erwarteten, dass Gott unsere Kinder beschützte, wenn wir nicht einmal bereit waren, ein einfaches Amulett zu benutzen? Wie lächerlich von uns, uns einzubilden, er würde sich mit solchen Kleinigkeiten abgeben.

Eines Abends, als wir die Kinder ins Bett brachten, war ich am Ende meiner Kräfte. Wie gewöhnlich bettelte Lydia, Mami solle bei ihr bleiben, bis sie einschlief. Ich war zu müde, um noch viel Mitgefühl aufzubringen, und sagte: »Lydia, mein

Schatz, schau mal, Mami kann nicht jeden Abend um halb acht mit dir ins Bett gehen. Wir haben für dich gebetet, deine Tür ist offen, dein Licht ist an und du kannst von deinem Bett aus sogar deinen großen Bruder sehen. Ich kann nichts weiter für dich tun. Jesus ist der Einzige, der noch mehr tun kann, also wirst du einfach ihn um Hilfe bitten müssen.« Lydia wurde still und mürrisch, als ich mich umdrehte und das Zimmer verließ.

Kaum war ich aus der Tür, überfielen mich Schuldgefühle und Reue. Was für eine Mutter war ich nur, dass ich ein verängstigtes Kind allein im Bett zurückließ? Doch andererseits fragte ich mich, wie viel ein Elternteil ertragen muss. Und war an dem allen nicht eigentlich Gott schuld – wo war er denn? Wir versuchten, ihm zu vertrauen, so gut wir es konnten, und er schien unsere Hilferufe zu überhören. Körperlich, mental, emotional und geistlich völlig ausgelaugt fiel ich ins Bett.

Als ich aufwachte, war es Morgen. Morgen! Wo war Lydia? Sie war die ganze Nacht nicht zu uns gekommen. Hatte sie nach dem, was ich gesagt hatte, Angst, zu uns zu kommen und um Hilfe zu bitten? Hatte sie die ganze Nacht in Angst verbracht ohne jemanden, zu dem sie fliehen konnte, ohne jemanden, der sie tröstete? Ich sprang aus dem Bett und rannte in ihr Zimmer. Da war sie, tief und fest schlafend – und sie sah so friedlich wie ein Engel aus.

Kaum war ich aus der Tür, überfielen mich Schuldgefühle und Reue. Und war an dem allen nicht eigentlich Gott schuld – wo war er denn?

Einige Zeit später kündigte das Tapsen kleiner Füße auf dem Teppich an, dass Lydia aufgestanden war. Ich zog sie zum Gute-Morgen-Kuss auf meinen Schoß und stellte die Frage, die ich schon den ganzen Morgen stellen wollte.

»Schatz, du bist heute Nacht gar nicht in Mamis und Papis Bett gekommen. Hattest du gar keinen schlimmen Traum?«

»Doch, ich hatte einen schlimmen Traum«, antwortete sie fröhlich. Sie lächelte; ihr Gesicht und ihr Körper waren entspannt. »Ich habe Daddy Jesus um Hilfe gebeten, wie du es gesagt hast« (Lydia sagte nie einfach »Jesus«, sondern immer »Daddy Jesus«).

Das war alles? Sie hatte einfach Daddy Jesus um Hilfe gebeten und war wieder eingeschlafen? Diese Erklärung erschien mir nach den vielen Wochen unerbittlicher Angst etwas zu einfach. Ich fragte weiter: »Okay. Und wie hat Jesus dir geholfen?«

»Also, als ich Angst bekam, habe ich ihn gerufen und er kam in mein Zimmer. Dann hat er sich auf mein Bett gesetzt und mir den Rücken gestreichelt und mir ein Lied vorgesungen.«

»Du meinst, du hast geträumt, dass er das gemacht hat?«

»Nein, er ist wirklich reingekommen« – ihr runder kleiner Finger zeigte auf die Tür, »und hat sich da auf mein Bett gesetzt. Und er hat mir den Rücken gestreichelt, so wie du, und mir ein Lied vorgesungen.«

»Was für ein Lied?«

»Es war ein Lied darüber, dass er mich lieb hat«, erwiderte sie mit einem herzigen Lächeln.

Ihr strahlendes Gesicht bestätigte, dass Gott auf den Hilferuf dieses kleinen Kindes geantwortet hatte. Was auch immer er getan hatte, hatte all ihre Angst vertrieben.

Ihr strahlendes Gesicht bestätigte, dass Gott auf den Hilferuf dieses kleinen Kindes geantwortet hatte. Was auch immer er getan hatte, hatte all ihre Angst vertrieben.

Um meine eigene Neugier zu befriedigen, konnte ich nicht widerstehen, eine weitere Frage zu stellen: »Ähm, Lydia, wie hat Daddy Jesus denn ausgesehen?«

Sie durchforstete ihre vierjährige Vokabelliste und ihre Augen leuchteten auf, als sie auf die richtige Beschreibung stieß.

Begeistert erklärte sie: »Er sah ... er sah genau wie Daddy Jesus aus!«

Von diesem Tag an gab es keine Albträume oder schlaflosen Nächte mehr. Außerdem entstand gute Frucht in Lydias Leben, denn sie begann, andere mit dem gleichen Trost zu trösten, den sie von Gott erhalten hatte. Jedes Mal, wenn sie andere Kinder weinen sah oder verletzt oder ängstlich, lief sie rasch zu ihnen und beruhigte sie mit den ermutigendsten Worten, die sie kannte: »Keine Angst. Daddy Jesus ist hier, und er hat dich lieb!«

Als die zweiundsiebzig Jünger zurückkehrten, berichteten sie ihm voller Freude: »Herr, sogar die Dämonen gehorchen uns, wenn wir sie in deinem Namen austreiben!«

Lukas 10,17

6. Die Dschinns und der böse Blick

Die Stille Zeit war inzwischen ziemlich vorhersehbar. Bei fast allen persönlichen Gebetszeiten kam mir immer wieder der gleiche Gedanke in den Sinn. Ich hatte den Eindruck, als forderte Gott mich auf, für ein »Karmel-Erlebnis« in unserer Nachbarschaft zu beten. Etwas, das die Leere und Vergeblichkeit des Islam demonstrieren und den Menschen die Realität vor Augen führen würde, dass Jesus Christus Herr ist. Obwohl ich nicht wusste, welche Umstände Gott schaffen würde, um dieses Ereignis herbeizuführen, hatte ich nun schon über ein Jahr dafür gebetet. Mike und ich fingen langsam an, uns zu fragen, ob Gott es tatsächlich jemals tun würde.

Einige Monate bevor wir zu einer ausgedehnten Reise außer Landes aufbrechen würden, lud Amal »die Mädels« zu einem Abendbesuch in ihre Wohnung ein. Amal war eine alleinstehende arabische Geschäftsfrau und eine brennende Christin. »Die Mädels«, das waren drei Frauen aus Mozis Familie, Amals neue westliche Mitbewohnerin und ich. Mir fiel die Aufgabe zu, die Damen zu chauffieren.

Ich hatte den Eindruck, als forderte Gott mich auf, für ein »Karmel-Erlebnis« in unserer Nachbarschaft zu beten. Etwas, das die Leere und Vergeblichkeit des Islam demonstrieren und den Menschen die Realität vor Augen führen würde, dass Jesus Christus Herr ist.

Ganz in Übereinstimmung mit einigen ungeschriebenen Gesetzen der arabischen Kultur war Mozi nicht pünktlich fertig, als ich kam, um die Frauen abzuholen. Ich ging hinein, um im *Madschlis* zu warten. Dabei fiel mir das bizarre

Auftreten von Dini auf – oder war es Hilma? Ich konnte die Zwillinge nicht auseinanderhalten, jedenfalls nicht, bevor sie den Mund aufmachten. Die achtzehnjährige Dini war normalerweise sehr diskret, still und um ein religiöses Auftreten besorgt, während ihre eineiige Zwillingsschwester Hilma wahrscheinlich ein Popstar geworden wäre, wenn sie in der westlichen Welt aufgewachsen wäre. Die absolute Gegensätzlichkeit ihrer Persönlichkeiten gab unweigerlich Anlass zu häufigen Späßen. Doch heute Abend war die Atmosphäre im Haus alles andere als spaßig. Dini war so steif wie ein Brett und wirkte wie in Trance, so als ob sie eine Art lebende Statue wäre. Sie schien nicht einmal wahrgenommen zu haben, dass ich den Raum betreten hatte. Sie schien schlichtweg gar nichts wahrzunehmen. Ihre Großmutter kam herein und begann, das abwesend wirkende Teenagermädchen vor mir zu schelten und zu schlagen, und zerrte sie schließlich in einen anderen Raum. Gerade als sie hinausgingen, öffnete sich eine andere Tür und eine zerzaust wirkende Hilma trat ein. Sie setzte sich brüsk an die Wand, verfiel sofort in die gleiche steife Haltung wie ihre Schwester. Auch sie schien meine Anwesenheit gar nicht zu bemerken, und ihr leerer Blick war unheimlich. Ganz ohne Vorwarnung brach sie in ein hartes, gackerndes, wahnsinniges Gelächter aus. Ebenso plötzlich hörte sie wieder auf und ihre Gesichtszüge versteinerten. Es war, gelinde ausgedrückt, bizarr.

Schließlich war Mozi bereit zum Aufbruch. Selbstredend kamen Dini und Hilma nicht mit. Als wir zwei davonfuhren, musste ich einfach fragen, was mit den Mädchen los war.

»Haben sie vielleicht mit Drogen herumexperimentiert?«

Meine Freundin war entsetzt über diese Andeutung. »Reema! Du weißt genau, dass sie so etwas niemals tun würden. Sie sind gute Mädchen. Es sind keine Drogen; es sind die *Dschinns.*« Je nachdem, wen man fragt, bekommt man unterschiedliche Definitionen davon, was *Dschinns* sind. Mozi meinte böse Geister. Sie erklärte, dass die Großmutter vor einer der morgendlichen Besuchsgruppen mit den guten Schulnoten der Schwestern geprahlt hatte. Eine Nachbarin war darüber beschämt, weil ihr eigener Sohn furchtbar schlechte Noten hatte. Man erzählte sich, dass diese eifersüchtige Frau Dini und Hilma mit einem »bösen Blick« verflucht hatte. Obwohl es Beschwörungen und Zauberformeln gibt, die man benutzen kann, wenn man sich ernsthaft wünscht, dass einem anderen etwas Böses zustößt, wird der »böse Blick« oft in Form eines Kompliments während einer gewöhnlichen Unterhaltung eingesetzt. Wenn man einem arabischen Muslim ein Kompliment macht, muss man »ma sha'allah« hinzusetzen, sonst hat man ihn in Wirklichkeit verflucht. Der Grund ist, dass man, wenn man die Aufmerksamkeit auf den Segen oder das Glück im Leben eines Menschen zieht, die *Dschinns* praktisch dazu einlädt, zu kommen und es wegzunehmen. Mit dem Zusatz »Allah hat es gegeben« ruft man Allah an, das zu schützen und zu bewahren, worüber man das Kompliment gemacht hat.

Zu meiner Überraschung bestand dieses Problem in Mozis Familie bereits seit geraumer Zeit. Sie hatten dieses beschämende Geheimnis sorgfältig unter Verschluss gehalten und die Mädchen im Haus eingesperrt. Auf der ernstlichen Suche nach einem Heilmittel hatten sie die örtlichen religiösen Lehrer/Medizinmänner aufgesucht. Binnen drei Monaten hatten sie ihre Teenagertöchter Behandlungen von sieben verschiedenen *Mutawwas* unterworfen, die Tausende von Dollar gekostet hatten.

Auf der ernstlichen Suche nach einem Heilmittel hatten sie die örtlichen religiösen Lehrer/Medizinmänner aufgesucht.

»Was meinst du mit ›Behandlungen‹? Was haben sie denn eigentlich gemacht?«, fragte ich Mozi.

»Verschiedene Dinge. Sie sagten uns, wir sollten Leute beauftragen, in unserem Haus Tag und Nacht, rund um die Uhr, den Koran laut vorzulesen. Und manchmal haben sie den Mädchen einen Tee zu trinken gegeben, in dem ein Koranvers aufgelöst war. Es heißt, die *Dschinns* fliehen, wenn sie Gottes Worte hören oder sehen.«

»Hat es geholfen?«

»Nein. Ein andermal gab man ihnen etwas zu trinken, damit sie sich übergeben. Als sie das Gift erbrachen, sollten die *Dschinns* auch herauskommen.«

»Und hat das gewirkt?«

»Nein, aber die *Mutawwas* haben viele Methoden. Sie haben sie auch gewürgt.«

»Was?!«

»Nicht, um sie umzubringen, sondern um ihnen zu helfen. Sie haben ihnen so lange den Hals zugedrückt, bis sie leblos zu Boden fielen. So sollten die *Dschinns* denken, dass sie tot waren, und aus ihnen ausfahren.«

»Und?«

»Bisher hat nichts geholfen.«

Kaum hatte ich das gehört, ging mir ein Licht auf. Ich wusste sofort Bescheid. Das war das »Karmel-Erlebnis«, um das ich ein ganzes Jahr lang gebetet hatte! Mozis Familie hatte so viel Zeit, so viel Geld für die islamischen Autoritäten aufgewendet und nichts dadurch erreicht. Nichts, das der Islam zu bieten hatte, konnte ihre Not beheben. Es war leer und nutzlos!

Ich konnte förmlich das Silbertablett sehen, auf dem Gott mir endlich die Gelegenheit präsentierte, auf die ich gewartet hatte – die Gelegenheit zu sehen, wie der Vater seinen Sohn vor den Augen unserer Freunde und Nachbarn verherrlicht und ihnen Zeugnis von seiner Fähigkeit und Bereitschaft gibt, sie durch Jesus Christus zu retten.

»Mozi, es tut mir so leid, dass Dini und Hilma das alles durchmachen müssen. Aber ich bin auch froh, weil ich weiß, was man dagegen tun kann!«

Sie war, gelinde gesagt, nicht überzeugt. Immerhin war meine Familie doch das Nachbarschaftsprojekt, Sie erinnern sich, was ich von unserer ersten Zeit hier erzählte? Und hier war ein Problem, das noch nicht einmal ihre religiösen Experten hatten lösen können.

»Ach Reema«, sagte sie und lächelte halb über meinen naiven Optimismus. »Was kannst du schon über diese Dinge wissen?«

»Also, ich weiß gar nichts. Aber Gott weiß alles, und in seinem Wort hat er uns alles gegeben, was wir für dieses Leben wissen müssen. Wer hat die *Dschinns* gemacht?«

»Allah natürlich.«

»Richtig. Wessen Hilfe brauchst du also, wenn du willst, dass dich die *Dschinns* in Ruhe lassen?«

»Allahs.«

»Richtig. Habt ihr denn gebetet und Gott gebeten, die *Dschinns* für euch auszutreiben?«

Mozi verdrehte die Augen. »Natürlich haben wir das getan.«

»Natürlich habt ihr das getan«, wiederholte ich. »Und es hat nicht funktioniert, oder?«

»Nein …« An diesem Punkt war es wahrscheinlich eher reine Neugierde als Hoffnung, die Mozi noch weiter zuhören ließ.

Ich platzte bald vor Freude, als ich weitersprach. »Ihr habt gebetet, Gott hat nicht geantwortet, und ich weiß auch warum.« Ich spürte, wie ich strahlte. Ein ganzes Jahr Gebet. Unmöglich, dass Gott hier untätig bleiben würde. Es war der »Berg Karmel«.

»Also … warum?«

»Weil alle Vollmacht im Himmel und auf der Erde und unter der Erde dem Herrn Jesus Christus gegeben ist. Niemand kann zum Vater kommen außer durch ihn. Habt ihr im Namen von Jesus Christus gebetet, als ihr zu Gott gebetet habt?«

»Du weißt, dass wir das nicht tun können. Wir sind Muslime.«

»Richtig, und eure Gebete haben nicht geholfen. Aber ich kann im Namen von Jesus für euch beten, weil ich Christ bin. Ich glaube, dass die Zwillinge geheilt werden, wenn ihr mich für sie beten lasst. Gottes Wort verspricht, dass, wenn seine Kinder ihn im Namen von Jesus um etwas bitten, er sie hören und auf ihr Gebet antworten wird. Er erhört unsere Gebete nicht, weil wir etwas sind, sondern weil Jesus ist, wer er ist.« In diesem Moment hielten wir vor dem Haus an, in dem Amal wohnte. Mozi brauchte Zeit, um darüber nachzudenken, also einigten wir uns, dass wir uns später weiter unterhalten würden.

Es stellte sich heraus, dass neben uns auch noch einige andere Frauen eingeladen waren. Wir genossen die Gemeinschaft und die großzügige Verpflegung, für die Amal und ihre Mitbewohnerin gesorgt hatten. Ich war um unserer Gastgeberin willen froh, dass die zusätzlichen Gäste helfen konnten, die Erfrischungen zu verspeisen, da Dini und Hilma nicht hatten kommen können. Als es schon beinahe Zeit zu gehen war, waren die meisten der Frauen in einem anderen Zimmer damit beschäftigt, sich Fotoalben anzuschauen, und so fanden Amal, Mozi und ich uns allein im *Madschlis* wieder. Mozi stand Amal genauso nahe wie mir und beschloss, diese Gelegenheit unter sechs Augen wahrzunehmen, um ihr von der Not ihrer Schwestern sowie unserem Gespräch im Auto zu erzählen.

»Reema sagt, dass ihr Christen nichts weiter machen müsst, als im Namen von Jesus zu beten, und Gott wird die *Dschinns* vertreiben. Ist das wahr?« Ganz offensichtlich respektierte sie die Meinung ihrer gebildeten und erfolgreichen arabischen Landsfrau.

Amal dachte einen Moment nach, bevor sie antwortete. »Ja, das ist wahr.«

Mozi starrte ihre beiden christlichen Freundinnen ungläubig an. Ihr nächster Gedanke stand ihr förmlich ins Gesicht geschrieben. Der Ausdruck in ihren Augen, das hintergründige Lächeln – es war wie bei einer Schachspielerin, die plötzlich erkennt, dass ihr nächster Zug zu einem »Schachmatt« zu ihren Gunsten führen wird. Sie würde ihre christlichen Freundinnen beten lassen, und nichts würde passieren. Wie sollte es auch? Die Zwillinge würden zwar immer noch die *Dschinns* in sich haben, doch es würde ihnen auch nicht schlechter gehen als jetzt, und all unsere biblischen Behauptungen über Jesus wären ein für alle Mal kategorisch in Zweifel gezogen. Dieses eine fehlgeschlagene Gebet würde unser christliches Zeugnis in der Nachbarschaft für immer zum Schweigen bringen.

Ring frei für den Kampf Islam gegen Jesus!

»Also, was müsst ihr für dieses Gebet tun? Ein Huhn schlachten? Weihrauch verbrennen?«

Amal und ich berieten uns miteinander und riefen uns die entsprechenden Verse aus Gottes Wort in Erinnerung. »Nein, wir müssen einfach nur im Namen von Jesus darum bitten. Da sein Tod und seine Auferstehung das ist, was unsere Unreinheit beseitigt und uns in Gottes Augen gerecht macht, können wir nur durch ihn vor den heiligen Herrn des Universums treten.«

Sie würde ihre christlichen Freundinnen beten lassen, und nichts würde passieren. Wie sollte es auch? Ring frei für den Kampf Islam gegen Jesus!

»Okay.« Mozi tat unsere Erklärung mit einer Handbewegung ab. »Ihr könnt für Dini und Hilma beten.«

»Möchtest du erst deine Eltern anrufen und um die Erlaubnis deiner Familie bitten?« Wir wollten nicht, dass man uns später etwas vorwarf, das die Ehre befleckte, die Gott in diesem himmlischen Wettstreit ernten würde. Alles musste ordnungsgemäß und tadellos verlaufen.

»Nein.« Mozi war sich sicher, dass sie keine Erlaubnis für etwas brauchte, das nicht geschehen würde. »Macht nur.«

Amal und ich senkten den Kopf und beteten: »Gott unser Vater, wir loben dich! Du stehst über allen Dingen, weil du alle Dinge erschaffen hast. Wir danken dir, dass du uns kennst, dass du uns liebst und dass dir jede Einzelheit unseres Lebens am Herzen liegt. Du liebst Dini, Hilma und ihre ganze Familie, und du wünschst dir, dass sie dich auch kennen und lieben. Im Namen des Herrn Jesus Christus bitten wir dich, dass du die *Dschinns* aus diesen beiden jungen Frauen vertreibst und sie ganz gesund machst. Wir bitten dich vor allem, dass du sie jetzt, noch während wir beten, heilst, damit deutlich wird, dass ihre Befreiung deine Antwort auf dieses Gebet war, das wir im Namen von Jesus beten, und nicht die Folge von irgendetwas anderem. Und wir beten, dass du es auf solch eine Art und Weise tust, dass Mozi erkennt, dass Jesus Christus wirklich der ist, als den dein Wort ihn zeigt – der Herr über alles und der einzige Weg zu dir.«

Als ich Mozi an ihrem Haus absetzte, bat sie mich nicht herein, wie sie es normalerweise nach einem gemeinsamen Ausflug tat. Ich wollte unbedingt wissen, wie Gott hier handeln würde, und raste nach Hause, um Mike von meinem Erlebnis zu erzählen, damit wir gemeinsam auf den Ausgang der Geschichte warten konnten.

Mozi am nächsten Morgen am Telefon die Geschichte zu entlocken, war wie Zähneziehen. Es war offensichtlich, dass sie mir nicht erzählen wollte, was geschehen war. Sie quengelte förmlich und zog ihre Sätze so in die Länge, dass sie fast auseinanderrissen. »Die Zwillinge? Ach … ähm … sie … also, es geht ihnen … besser.«

»Was meinst du mit ›besser‹? Wie viel besser? Ganz besser, ein bisschen besser, was?«

»Reema … was soll ich sagen?«

»Du sollst mir sagen, wie es den Zwillingen geht!«

Doch das tat sie nicht. Bei meinen folgenden Besuchen wurden Dini und Hilma weggebracht, sobald ich an der Tür erschien. Obwohl meine Beziehung zu allen anderen scheinbar unverändert war, hielt man sie buchstäblich in einem anderen Zimmer, bis ich ging. Ganz offensichtlich wollte die Familie nicht, dass ich ihnen irgendwelche Fragen stellte. Oder fürchteten sie, dass die Mädchen Fragen an mich hatten? Eines stand jedenfalls fest: Keiner prahlte, dass das Gebet im Namen von Jesus Christus nicht funktioniert hatte. Hatte Mozi überhaupt davon erzählt? Alle Versuche, die Familie zu fragen, was geschehen war, wurden mit einem Themenwechsel abgewehrt.

Schließlich kam der Tag, an dem wir als Familie außer Landes reisen würden. Die acht Frauen aus Mozis Haushalt und ich hatten schon lange ausgemacht, dass wir irgendwie die Erlaubnis der Männer bekommen würden, ganz allein ins Restaurant in der großen Stadt zu gehen, bevor ich abreiste. Die Erlaubnis war erteilt worden, und nun wartete ich wie üblich mit dem Auto, bis die Damen bereit zum Aufbruch waren. Unsere Abschiedsfeier war umso denkwürdiger, als Dini und Hilma auch mitkommen durften! Ganz charakteristisch lehnte Dini im letzten Moment ab; sie wollte nicht mit in das öffentliche Restaurant mit dem gemischten Publikum gehen. Hilma hingegen zog sich etwas Rotes an (obwohl sie darüber einen bodenlangen schwarzen Schleier tragen musste!). Die beiden waren so sehr sie selbst, wie sie es nur sein konnten. Im Herzen wusste ich, dass sie von den *Dschinns* befreit worden waren, doch keiner in der Familie wusste, wie er damit umgehen sollte, was dieses Ereignis bedeutete.

Natürlich war es für sie undenkbar, dass der Islam unrecht haben könnte. Allein der Gedanke rüttelte an den Fundamenten ihrer ganzen Lebenswelt. Jeder Aspekt ihres persönlichen und öffentlichen Lebens war davon bestimmt, ihre ganze Gesellschaft darauf aufgebaut, es war der ganze Ruhm ihrer Geschichte. Mozis Familie hatte, so wie jede andere Familie in der Nachbarschaft, immer nach der vorgeschriebenen islamischen Praxis gelebt, so wie ihre Vorfahren. Sie beteten in der islamischen Gebetshaltung zur Zeit der islamischen Gebetsrufe. Sie aßen, was ein Muslim essen sollte, und so, wie er es essen sollte. Sie wuschen sich, wie ein Muslim sich waschen sollte, und kleideten sich, wie ein Muslim sich kleiden sollte. Sie feierten, wie ein Muslim feiern sollte, und trauerten, wie ein Muslim trauern sollte. Doch wenn Jesus der Herr ist … was dann? Wie wuschen sich Menschen, die Jesus nachfolgten? Wann und was beteten sie? Wenn ein Muslim anfing, Jesus nachzufolgen, wie sollte er dann bei der nächsten Mahlzeit essen? Für Muslime schien die einfache Aufforderung von Elia auf dem Berg Karmel, »Wenn der Herr Gott ist, folgt ihm!« (1. Könige 18,21), mit übermächtigen Konsequenzen verbunden zu sein. Offenbar hatte die Familie beschlossen, dass die einzige Möglichkeit, damit fertig zu werden, momentan darin bestand, die ganze Sache zu leugnen.

Es war für sie undenkbar, dass der Islam unrecht haben könnte. Allein der Gedanke rüttelte an den Fundamenten ihrer ganzen Lebenswelt.

Als wir vom Abendessen zurückkehrten, war die Zeit für den Abschied gekommen. Es sollte mehr als ein Jahr dauern, bevor wir hoffen konnten, einander wiederzusehen. Wir neun

Frauen standen lange an der Tür, schwelgten in Erinnerungen, redeten, umarmten uns und wischten Tränen fort. Dini und Hilma holten mich für einen Augenblick von der Gruppe weg, nahmen meine Hände in ihre und zogen mich an sich. »Reema, während du fort bist … bitte bete jeden Tag für uns.«

Warum baten sie mich darum? Wussten sie von dem Gebet in Amals Haus? Ich wollte wissen, was in ihnen vorging, und erinnerte sie daran, warum christliche Gebete als *haram* (verboten) galten, als Schande und Beleidigung für Gott: »Wenn ich bete, bete ich im Namen von Jesus.«

Sie drückten meine Hände noch fester. »Das wissen wir. Bitte bete jeden Tag für uns.« In dem Augenblick wurden wir unterbrochen und ich musste mich mit vielen unbeantworteten Fragen verabschieden.

Einige Zeit später, während wir in den Vereinigten Staaten waren, rief ich Mozi an, um zu hören, wie es ihr und den Zwillingen ging.

»Hallo?« Sie klang, als wäre sie gleich nebenan.

»Hi Mozi! Ich bin's, Reema!«

»Reema!« Ihr Glück war durch die Telefonleitung zu hören. »Jesus ist gut!«

Diese Begrüßung verschlug mir die Sprache. »W … Was hast du gesagt?«

Meine arabische Freundin war ganz aufgeregt, als sie mir die guten Neuigkeiten erklärte: »Dini und Hilma können wieder in die Schule gehen und machen jetzt bald ihren Abschluss! Dini will danach sogar studieren! Jesus ist gut!«

Endlich hatte sie dem Herrn Jesus Christus mit ihren eigenen Lippen die Ehre gegeben! Sie hatte ihm die Befreiung ihrer beiden Schwestern zugeschrieben, die unter der Macht böser Geister gestanden hatten – eine Macht, von der nichts im Islam sie hatte befreien können. Was Mike, Amal und ich geglaubt hatten, war jetzt durch Mozis Zeugnis bestätigt worden.

Fast drei Jahre später schenkte Gott uns einen winzigen Einblick in sein Wirken an der Seele von Mozis Familie. Dieser Einblick ergab sich in einem aufschlussreichen Gespräch mit Dschamila, der Mutter von Hamdan, die auch ihre Enkelinnen Dini und Hilma wie ihre eigenen Kinder großgezogen hatte. Auch wenn rein äußerlich scheinbar nichts geschehen war, hatte sich für Dschamila doch mit der Zeit gewiss ein Bild ergeben. Eine ganze Reihe von Ereignissen zeugte davon, dass Jesus Christus der Herr ist: die Wahrheit, die sie in geistlichen Gesprächen mit ihren beiden christlichen Freunden gehört hatte; die vergeblichen Bemühungen der *Mutawwas*, die *Dschinns* aus ihren Enkelinnen auszutreiben, und ihre anschließende Befreiung im Namen von Jesus; der gescheiterte SIA-Plan und Hamdans dramatische Veränderung.

»Dieser Koran hilft uns nicht. Ich möchte dein Buch hören.«

In dieser Nachbarschaft voller riesiger Familien, die alles gemeinsam machten, konnte man selten ein Vier-Augen-Gespräch mit jemandem führen. An jenem Tag sprachen Dschamila und ich erst zum zweiten Mal in unserem Leben allein miteinander. Das erste Mal war ein kurzes Gespräch an dem Abend gewesen, als die SIA mir die Falle gestellt hatte. Wie anders doch jetzt die Atmosphäre in dem Raum war!

Wir waren alle ernüchtert und traurig über den tragischen Tod der einundzwanzigjährigen Hilma. In der ernsten und nachdenklichen Stimmung in den Wochen um die Beerdigung hatte Dschamila begonnen, sich die Kassetten mit der Hörspielbibel anzuhören. Dazu war es – wie so vieles andere – ganz unerwartet gekommen. Frustriert darüber, dass das Abspielen von Kassetten mit dem Koran rund um die Uhr Hilma keine Heilung gebracht hatte, hatte Dschamila sich an mich gewandt und gesagt: »Was ist mit deinem Buch? Hast du die Bibel auf Kassette? Dieser Koran hilft uns nicht. Ich möchte dein Buch hören.« Gottes Wirken in ihrer Familie und nun die Worte aus seinem Buch gruben sich tief in ihre Seele ein. Als wir uns jetzt miteinander unterhielten, begannen Gedanken, die sie bisher in den Tiefen ihres Herzens verborgen gehalten hatte, wie Luftblasen aufzusteigen. Sie drangen sanft, aber unvermittelt an die Oberfläche und in unser Gespräch hinein.

»Ich kann nicht wie du sein.« Huch! Wo kam das denn her?

Verwundert musste ich erst einmal lachen. »Warum solltest du denn wie ich sein wollen? Nicht mal ich will wie ich sein.« Als sie nicht lachte oder aufschaute, begriff ich, was sie damit sagen wollte. Sie konnte kein Christ sein wie ich.

»Ich muss *Serwals* tragen«, fuhr sie fort. Ein *Serwal* ist eine lange, weite Unterhose, die an der Taille beginnt und bis über die Knöchel reicht. Am Knöchel ist sie sehr eng, damit sie nicht hochrutschen kann und die Sittlichkeit der muslimischen Frau unversehrt bleibt.

Ich rutschte näher an Dschamila heran und senkte die Stimme, damit ich nicht die Aufmerksamkeit von jemandem erregte, der eventuell an der Tür vorbeiging. Leise erinnerte ich sie: »Ich trage auch *Serwals*.«

Seit dem Tag, als wir in unserer kleinen Stadt in unser Haus eingezogen waren, hatten wir als Familie versucht, unser Leben als Christen innerhalb der Grenzen der orientalischen Kultur unserer Nachbarn zu führen. Dazu gehörte auch, dass ich die landesübliche Kleidung trug. Wir wollten ihnen vorleben, wie sie Jesus in ihrer Welt nachfolgen konnten. (Obwohl wir in mehr als ein kulturelles Fettnäpfchen traten, waren alle so erfreut über unseren Versuch, uns anzupassen, dass sie uns rasch vergaben und korrigierten.) Anfangs gingen die meisten unserer Nachbarn fälschlicherweise davon aus, dass alle

Abendländer automatisch »Christen« waren. Da Muslime sich in hohem Maß über eine gewisse Kleiderordnung definieren, nehmen sie oft an, dass sie sich abendländisch kleiden müssen, wenn sie Jesus annehmen. Glücklicherweise hatten viele unserer Nachbarn, je besser sie uns kennenlernten, nach und nach den Unterschied zwischen »aus dem Westen sein« und »ein Nachfolger von Jesus sein« verstanden. Trotz alledem war der Gedanke, die ethnische Kultur von der religiösen Praxis zu trennen, offenbar immer noch eine unüberwindbare Hürde für Dschamila. Ihre Religion hatte ihre Kultur geformt. Wie konnte sie Araberin sein, ohne Muslima zu sein? Darüber musste sie erst einmal gründlich nachdenken.

»Ich muss die *Shayla* tragen«, fuhr meine ältere Freundin fort. Damit war das Tuch gemeint, das sie so anmutig um ihren Kopf und ihre schmalen Schultern gewunden trug. Irgendwie unterstreicht die Art und Weise, wie arabische Frauen dieses Kleidungsstück tragen, ihre natürliche Schönheit, obwohl es sie eigentlich verdecken soll. Ich habe nie eine Ausländerin gesehen, die in einer *Shayla* so hübsch aussehen konnte wie eine Araberin.

»Ich trage auch eine *Shayla.*« Mein Herz und meine Stimme füllten sich mit Mitgefühl darüber, wie sie innerlich kämpfte. »Dschamila, Gott ist nicht aus dem Westen. Er hat die ganze Welt erschaffen – Osten, Westen, Norden, Süden. Und als Jesus auf der Erde lebte, trug er ähnliche Kleidung wie dein Mann es heute tut. Er lebte sein ganzes Leben hier im Nahen Osten, so wie du.«

Vielleicht stellte sie das zufrieden, denn sie wechselte das Thema von Kleidung zu Traditionen. »Wenn mein Mann stirbt, muss ich in einer Ecke sitzen.« Sie sprach von der Trauerzeit für eine Witwe, die vier Monate und zehn Tage lang im Haus bleiben muss, um angemessene Trauer und Respekt für ihren toten Ehemann zu zeigen. Doch ich wusste, dass es in diesem Moment alle Traditionen ihres Volkes repräsentierte.

»Liebe Dschamila, du musst nicht aufhören, Araberin zu sein, um an Jesus zu glauben. Gott im Himmel ist der Gott aller Menschen, in jedem Land und jeder Kultur der Erde.

Was ich meine, ist Folgendes: Schau dir zum Beispiel die Vögel an. Wie viele verschiedene Vogelarten hat Gott erschaffen? Nur eine? Nein, er machte Hunderte Vogelarten. Manche singen wunderschön, andere krächzen, und manche können nicht einmal fliegen. Doch Gott sagte, dass sie alle gut sind, und alle ehren ihn auf ihre eigene Art und Weise. So ist es auch mit Gottes ganzer Schöpfung, einschließlich den Menschen. Viele arabische Bräuche sind gut. Du musst nichts weiter tun, als von Herzen zu glauben, dass Jesus der Weg zu Gott ist. Gott hat dich als den Menschen erschaffen, der du bist, und er wird dir beibringen, wie du Jesus in deinem eigenen Land, in deiner eigenen Kultur und in deiner eigenen Familie nachfolgen kannst. Er liebt dich so, wie du bist, und du kannst ihm vertrauen.«

»Gott hat dich als den Menschen erschaffen, der du bist, und er wird dir beibringen, wie du Jesus in deinem eigenen Land, in deiner eigenen Kultur und in deiner eigenen Familie nachfolgen kannst.«

Just in diesem Moment wurde unser Gespräch unterbrochen. In der Küche gab es einen Streit um irgendetwas, und man hatte Dschamila gerufen, um die Zwistigkeit in ihrem Hoheitsbereich zu schlichten. Als älteste Mutter im Haus würde ihr Wort die Sache endgültig entscheiden.

So plötzlich, wie sie aufgetaucht waren, kehrten die Überlegungen von Dschamilas Herz wieder an ihren geheimen Ort zurück, und alles war still. Zumindest an der Oberfläche. Doch wie sie eben preisgegeben hatte, waren stille Wasser tatsächlich tief.

Da trat Petrus mit den elf anderen Aposteln vor und rief der Menge zu: »Hört zu, ihr jüdischen Männer und ihr Einwohner Jerusalems! Ich will euch etwas sagen. Manche von euch meinen, diese Leute seien betrunken. Das ist nicht wahr! Um neun Uhr morgens betrinkt man sich nicht. Nein, was ihr heute Morgen seht, ist vor vielen hundert Jahren von dem Propheten Joel vorausgesagt worden: ›In den letzten Tagen, spricht Gott, werde ich meinen Geist über alle Menschen ausgießen. Eure Söhne und Töchter werden weissagen, eure jungen Männer werden Visionen haben und eure alten Männer prophetische Träume. (…) Und jeder, der den Namen des Herrn anruft, wird gerettet werden‹«.

Apostelgeschichte 2,14-17.21

7. Träume und Visionen

Faisal und seine Frau Schareen waren immer fromme Muslime gewesen und hatten die religiösen Pflichten des Islam treu eingehalten. Neben den rituellen Gebeten und Waschungen, dem Geben von Almosen und Fasten halfen sie auch dabei, Moscheen und Brunnen für die Armen zu bauen. Dadurch hofften sie, sich Allahs Wohlwollen zu verdienen. Bis heute verzichtet Schareen jedes Jahr im Ramadan drei Tage und Nächte lang auf Schlaf, um zu beten. Es heißt, dass Allah alles gewährt, worum man betet, wenn sich das »Fenster des Himmels« öffnet. Das Problem ist, dass es viele verschiedene Überlieferungen gibt, wann genau sich dieses Fenster öffnet. Schareens Richtung des Islam legt einen sehr konkreten Zeitraum von drei Tagen fest. So lange wach zu bleiben und ununterbrochen zu beten, ist eine unglaublich anstrengende Aufgabe, doch Schareen ist getrieben von der Hoffnung, sich eine garantierte Antwort auf ihre Gebete zu sichern. Denn trotz all ihrer ernsten und aufrichtigen Bemühungen, Gott zu gefallen, konnten Faisal und Schareen bisher für dieses Leben – oder das danach – keinen Frieden, keine Zuversicht oder Sicherheit finden. Der Koran gibt keine tröstlichen Zusagen, auf die sie ihren Glauben gründen könnten.

Der liebende Vatergott der Bibel ist für sie ein unglaublich fremder Gedanke – sie hat ja ihr Leben lang versucht, den unpersönlichen, fernen Gott des Islam zu besänftigen.

Hat Schareen je das Evangelium gehört? Ja, mehrmals. Jedes Mal ist es so, als würde plötzlich zwischen uns eine unsichtbare Barriere auftauchen, die sie daran hindert, meine Worte zu begreifen. Sie beugt sich vor, bemüht sich zu verstehen. »Sag es mir noch einmal. Sag es mir noch einmal.« Doch sie ist nicht fähig, das Geschenk des ewigen Lebens durch Christus Jesus zu begreifen. Der liebende Vatergott der Bibel ist für sie ein unglaublich fremder Gedanke – sie hat ja ihr Leben lang versucht, den unpersönlichen, fernen Gott des Islam zu besänftigen.

Als bei Faisal Krebs festgestellt wurde, hatte dies verheerende Auswirkungen auf seine Familie. Seine Krankheit zog sich lange hin und endete mit seinem Tod. Zurück blieben seine Witwe und sechs Kinder, von denen fünf noch in die Schule gingen. Schareen hatte keine Verwandtschaft mehr, die ihr hätte helfen können – nur eine alte Mutter, die von ihrer Hilfe abhängig war. Faisals Verwandtschaft hatte sehr deutlich gemacht, dass sie sich nach seinem Tod für keinerlei finanzielle oder materielle Unterstützung zuständig sah. In Anbetracht der Arbeitsmarktchancen einer ungebildeten Frau in dieser Gesellschaft sah die Zukunft der Familie ziemlich trostlos aus.

Schareen war immer stolz darauf gewesen, was für ein guter Ehemann und Vater Faisal war. Sie würde ihn schmerzlich vermissen. Eines Abends, nicht lange, bevor Faisals irdisches Leben endete, ging ich zu ihr, um bei ihr zu sitzen und mit ihr zu trauern. Ich wollte ihr nicht die Mühe machen, bei meinem Besuch Erfrischungen servieren müssen, aber die Tradition verlangte das. Gäste mussten mit mehr Speisen und Getränken geehrt werden, als sie überhaupt verzehren konnten. Es nicht zu tun, gälte als Beleidigung für den Gast oder große Schande für den Gastgeber. Doch auf dem Tablett, das Schareen mir jetzt vorsetzte, standen nur ein Teller, auf dem einige trockene Datteln lagen, und eine quasi leere Kaffeekanne. Das musste alles sein, was sie noch anzubieten hatte. Natürlich wollte ich nicht meiner Freundin das Letzte wegnehmen, was sie noch zu essen hatte, doch es wäre noch schlimmer gewesen, ihre dürftige Gastfreundlichkeit auszuschlagen. Ich nahm eine Dattel und aß sie sehr langsam.

Eine Weile saßen wir schweigend da. Uns war schmerzlich bewusst, dass im Nebenzimmer ein Leben allmählich zu Ende ging. Der Kummer und die Angst, die sich in Schareens Seele aufgebaut hatten, je schlechter es ihrem Mann ging, flossen plötzlich in einen klagenden Ausruf über: »Ach, was soll ich nur machen? Wie soll ich mich, meine Kinder und meine alte Mutter versorgen?« Sie begann, alle Verwandten aufzuzählen, von denen sie in dieser schrecklichen Situation Unterstützung für ihre Familie erwartet hatte, die aber genau das Gegenteil getan hatten. Verzweifelt stöhnte sie: »Wer wird für uns sorgen …?« Ihre Situation war wahrhaftig fatal. Doch es gab Hoffnung – wenn meine Freundin sie nur erkennen konnte.

»Schareen, keiner von ihnen kann ewig für dich und deine Familie sorgen. Selbst wenn sie es wollten, sie sind nicht reich und haben ihre eigenen Kinder und alten Verwandten, für die sie sorgen müssen. Nur Gott kann für den Rest eures Lebens jeden Tag für deine Bedürfnisse und die deiner Familie sorgen. Er hat dich erschaffen und du liegst ihm am Herzen. Bete und bitte ihn um Hilfe.«

»Ich bete doch. Ich bin eine gute Muslima. Ich bete fünf Mal am Tag.« Doch ihr Gesichtsausdruck schien zu fragen: *Was hat denn das Beten damit zu tun, mein Leben zu leben und für meine Kinder sorgen zu können?*

»Meine liebe Freundin, du bist eine gute Muslima. Und es ist gut, dass du betest.« Meine Worte waren als Ermutigung gedacht. Es ist gut zu beten. Doch Schareen musste erst noch den einen, wahren Gott kennenlernen, der Gebete erhört. »Wofür betest du denn genau?«

»Also, nach den rituellen Gebeten bitte ich Gott, uns zu segnen und uns Gutes zu tun.«

»Und was hat er Gutes getan?«

Ich konnte mir vorstellen, wie sie dachte: *Mein Mann stirbt nebenan und du fragst mich, wie Gott mich segnet?* Doch sie kannte mich gut genug, um über die Frage nachzudenken. Irgendwo in der Dunkelheit, die über Schareen lag, ging ein Licht an.

»Also, diese Nachbarin dort drüben«, sie deutete in die Richtung eines nahe gelegenen Hauses, »schickt mir jeden Tag zur Essenszeit eine große Schüssel gekochten Reis.«

»Das ist toll!« Ich freute mich, von diesem Beweis von Gottes Gnade in ihrem Leben zu erfahren. Sie dachte weiter nach.

»Und ein Mann, der einen Krankenbesuch bei Faisal gemacht hat, hat uns Geld geschenkt ...« Je mehr sie nachdachte, an umso mehr Geld- und Sachgeschenke von verschiedenen Personen erinnerte sie sich. Auch Freunde, die aufrichtigen Kummer über ihren Verlust und Mitgefühl für ihre Familie zum Ausdruck brachten, fielen ihr ein. Vielleicht sorgte Gott ja tatsächlich für sie.

»Wunderbar! Siehst du denn nicht, Schareen? Gott antwortet bereits auf deine Gebete. Während die Erde sich im Universum dreht und Regierungen Krieg gegeneinander führen und vieles andere stattfindet, sieht Gott dich trotzdem, hier in deinem Haus. Er weiß, wer du bist, und er hört dich und antwortet auf deine Gebete. Er beweist, dass du ihm wichtig bist, indem er dich segnet und dir Gutes tut, so wie du ihn gebeten hast.«

Zum ersten Mal seit Wochen lächelte sie. Konnte es wahr sein, dass dem Gott des Universums tatsächlich einzelne Menschen persönlich am Herzen liegen?

Zum ersten Mal seit Wochen lächelte sie. Konnte es wahr sein, dass dem Gott des Universums tatsächlich einzelne Menschen persönlich am Herzen liegen?

Als ich an jenem Abend nach Hause kam, erzählte ich Mike alles. Wir waren uns einig, dass wir uns wohl kaum Schareens und Faisals Freunde nennen konnten, wenn wir ihnen nicht auch praktisch halfen. Mike drückte mir einen Teil unseres

Essengeldes in die Hand und trug mir auf einzukaufen, was sie brauchten. Der Plan war, dass ich sehr früh auf den Markt gehen sollte, um dann die Lebensmittel diskret an ihrem Haus abzustellen, bevor sie aufwachten. Es wäre besser, wenn niemand sah, wo sie herkamen.

Am nächsten Morgen kaufte ich ein und fuhr zu Schareens Haus. Freude stieg in meinem Herzen auf, als ich die großen Tüten mit Reis und Mehl, Lebensmitteln und verschiedenem Haushaltsbedarf aufreihte. Plötzlich öffnete sich die Haustür und einer von Schareens Söhnen kam heraus. Wir waren beide überrascht, einander zu sehen. Warum war er denn schon so zeitig auf den Beinen? Und was tat ich da eigentlich?

»Mama, Reema ist hier!«, rief er über seine Schulter hinweg.

Schareen kam auf den Hof, warf einen Blick auf die Berge von Einkäufen und schlug die Hände an die Wangen. Der Mund blieb ihr offen stehen. Sie wedelte mit den Händen in der Luft und begann etwas zu rufen, das ich nicht verstehen konnte. Mir war die ganze Aufregung etwas peinlich, doch ich kannte noch nicht den wahren Grund für den freudigen Ausbruch meiner Freundin!

Sie strahlte vor Staunen und erklärte: »Heute früh am Morgen hatte ich einen Traum. Er war so real, dass ich dachte, ich sei wach. In dem Traum stellte ich Tüten voller Lebensmittel auf meine leeren Küchenregale, und ich war so glücklich! Doch als ich aufwachte und merkte, dass es nur ein Traum war und wir immer noch nichts hatten, begann ich wieder zu weinen. Dann erinnerte ich mich an das, worüber wir gestern Abend geredet haben. Also betete ich und bat Gott, dass er uns diese vollen Tüten für unsere Küchenregale schenkt. Wie in dem Traum. Gerade als ich aufgehört hatte zu beten, hörte ich, wie mein Sohn mich von hier draußen rief. Und als ich herauskam, warst du mit den Tüten hier!«

Es dauerte nur einen Moment, und ich war ebenso überwältigt vor Freude wie Schareen. Da standen wir miteinander auf dem Hof und riefen Gott unser Lob zu. Wir beide wussten genau, dass ich nicht hatte wissen können, dass sie diesen speziellen Traum haben oder dieses spezielle Gebet an diesem speziellen Tag beten würde. Vielmehr war es so, wie die Bibel sagt: »Gott bewirkt in euch den Wunsch, ihm zu gehorchen, und er gibt euch auch die Kraft zu tun, was ihm Freude macht« (Philipper 2,13), und »wir sind Gottes Mitarbeiter« (1. Korinther 3,9; Luther). Wir freuten uns gemeinsam und wussten, dass Gott sich Schareen und ihrer Familie persönlich zu erkennen gab.

Eines Tages brauchte Mike einen Schlüssel und ging zu unserem Hausmeister. Ibrahim, ein junger Mann um die zwanzig, war ein sympathischer Kerl. Wenn die Kinder aus der Nachbarschaft zum Spielen auf die Straße kamen, unterbrach er seine Arbeit, setzte sich hin und passte auf sie auf. Zumindest nahmen wir an, dass er seine Arbeit unterbrach. Einmal in der Woche säuberte er die Treppe in unserem Mietshaus, indem er sich mit einem Wasserschlauch auf die oberste Stufe stellte und das Wasser alle drei Etagen hinunterlaufen ließ – in der Hoffnung, dass es den meisten Schmutz fortspülte. Abgesehen davon wussten wir nicht genau, womit er sein Geld verdiente. Da unser Balkon zur Straße hinausging, lernten wir allerdings schnell seinen Umgang mit den Kindern zu schätzen. Er ging rasch dazwischen, wenn sie sich gegenseitig piesackten, warnte sie, wenn ein Auto kam, oder griff ein, wenn das Spiel aus dem Ruder lief.

Außerdem gefiel uns, wie er für seine verwitwete Mutter, Umm Ibrahim, sorgte. Sie teilten sich ein winziges Zimmer im

Keller, das einen Teil seines Gehalts darstellte, und schienen dankbar dafür zu sein. Sie hatten ein sehr schweres Leben gehabt, und das Leid, das sie durchgemacht hatten, hatte sie einander nur umso lieber gemacht. Wenn Umm Ibrahim zufällig hörte, dass ihr Sohn auf unangemessene Art und Weise über Frauen, Alkohol oder ein anderes Thema sprach, wies sie ihn in unserer Anwesenheit liebevoll zurecht. Voller Unterstützung für Mikes väterlichen Tadel gegen solches Verhalten stimmte sie ihm zu: »Sagen Sie's ihm nur, Herr Mike! Sagen Sie meinem Sohn, dass gute Männer nicht so reden. Er hört immer diesen jungen Männern und ihrem törichten Geschwätz zu. Wenn sein Vater hier wäre, würde er ihm etwas erzählen! Sagen Sie's ihm, Herr Mike!«

Und das tat Mike auch. Ibrahim schien das zu gefallen. Obwohl die moralischen Ermahnungen gern angenommen wurden, zeigten weder Ibrahim noch seine Mutter auch nur das geringste Interesse an geistlichen Dingen. Wir unsererseits erwähnten sie kaum in unseren Gebeten, obwohl wir für andere, die wir kannten und denen wir aktiv das Evangelium weitersagten, lang und hart im Gebet kämpften. Denn sollten wir nicht – so dachten wir – unser Gebet und unsere Bemühungen dort konzentrieren und einsetzen, wo wir bei Menschen deutlich erkennen konnten, dass Gott an ihnen arbeitete? Es sah einfach nicht so aus, als würde Gott im Leben unseres Hausmeisters oder seiner Mutter wirken. Jedenfalls dachten wir so bis zu dem Tag, an dem Mike sich den Schlüssel ausleihen ging.

»Bitteschön!« Ibrahim legte den Schlüssel in Mikes Hand. »Bringen Sie ihn einfach später zurück.«

»Mache ich. Danke.«

»Möchten Sie noch auf einen Tee hereinkommen?« Denn wer in Arabien macht schon Geschäfte ohne wenigstens eine Tasse Tee?

»Gern, danke.« Mike trat ein und machte es sich bequem.

Ibrahim reichte seinem Gast eine dampfende Tasse, setzte sich und verkündete leise: »Ich hatte einen Traum.«

Diese Aussage an sich war noch nicht ungewöhnlich. Mike, der keine Ahnung hatte, welche Wendung ihr Gespräch nehmen würde, stellte die logische Frage: »Was haben Sie denn geträumt?«

»Nun, eines Nachts schlief ich«, begann der junge Mann. »Ich schlief, aber ich hörte, wie jemand meinen Namen rief: ›Ibrahim! Ibrahim!‹ Also setzte ich mich auf und schaute mich um, und am Fuß meines Bettes war dieser ... dieser Mann. Aber so jemanden hatte ich noch nie gesehen. Er stand nicht auf dem Boden; er schwebte irgendwie darüber. Und er trug unglaublich strahlend weiße Kleider. Um seine Taille und seine Brust war ein Band aus leuchtendem Weißgold. Und von seinem Gesicht ... kam dieses Licht ...«

Ibrahim setzte sich und verkündete leise: »Ich hatte einen Traum.«

Mike war wie gefesselt. Der Tee war vergessen. Er hing an Ibrahims Lippen, als dieser weitersprach.

»Dann streckte er mir die Hand entgegen.« In der arabischen Kultur lässt eine hochrangige oder herausragende Person sich von anderen, die ihm Ehre und Respekt erweisen wollen, den Handrücken, die Stirn oder die Schulter küssen. »Ich stand auf, um ihm die Hand zu küssen, doch er zog sie weg und sagte: ›Bete zu deinem Gott.‹ Dann verschwand er.«

Mikes Gedanken rasten, doch äußerlich blieb er ruhig. »Und hast du zu deinem Gott gebetet?«

»Nein.« Die Antwort klang wie ein schuldbeladenes Geständnis. »Ich konnte einfach nicht. Ich habe es oft versucht, aber etwas in mir hält mich immer davon ab.«

»Wer war der Mann?«

Ibrahim antwortete augenblicklich: »Mohammed.« Doch Mike spürte, dass er nicht überzeugt war.

»Und woher wissen Sie, dass es Mohammed war?«

»Ich habe einem *Mutawwa* von dem Traum erzählt, und er sagte, es sei Mohammed. Das war vor sechs Jahren. Sie sind der Erste, dem ich seitdem davon erzählt habe.«

Sechs Jahre! Er hatte sechs Jahre darauf gewartet, zu erfahren, wer ihm da wirklich im Traum erschienen war? Dankbar dafür, dass Ibrahim nicht wohl dabei gewesen war, zu dem Gott zu beten, der nach Ansicht des *Mutawwas* gemeint war, entschuldigte sich Mike und rannte nach oben. Er holte eine Bibel aus unserer Wohnung, kehrte in die Kellerwohnung zurück und schlug Offenbarung 1 auf. Dann deutete er im arabischen Text auf Vers 12 bis 18 und bat Ibrahim vorzulesen, was dort stand.

Als der junge Mann den Abschnitt las, wurden seine Augen so groß wie Untertassen. Er schaute Mike einen Moment lang an und las dann noch einmal. Beim dritten Mal sah er völlig entgeistert aus und war ganz blass geworden. Er hielt die Bibel in der Hand und deutete mit zitterndem Finger auf die Seite.

»Wer hat das geschrieben? Was ist das für ein Buch? Das ist der Mann, den ich gesehen habe!«

»Ibrahim, Mohammed ist tot. Sie haben den Herrn Jesus Christus gesehen.«

Erstaunlicherweise hatte Ibrahim nie von der Bibel gehört. Erst nach einigem Soufflieren von Mike konnte er sich daran erinnern, dass der Koran etwas von einem anderen Buch sagte. Das spielte keine Rolle. Er wollte es. Er wollte dieses Buch verschlingen, das den, den er gesehen hatte, so anschaulich beschrieb! Mike gab ihm die Bibel, und in den nächsten vier Tagen schlief Ibrahim nicht. Er las nur und dachte nach, las und dachte nach, Tag und Nacht. Er las das ganze Neue Testament in einer Woche durch. Danach verstand er, wer Jesus, der Messias, wirklich war – und was er selbst zu tun hatte. Jetzt überschlug er die Kosten.

Ganz offensichtlich hatte Ibrahim keine Ahnung, dass viele, viele Muslime auf der ganzen Welt irgendwann vor der Entscheidung gestanden hatten, vor der er nun stand, und den Islam verlassen hatten, um Christus nachzufolgen. Da er in einem islamischen Land aufgewachsen war, tauchten solche »anti-islamischen« Informationen nicht in den Nachrichten auf. Es war ganz normal, dass er die Dinge, die in seiner Kultur eine allgemein bekannte Tatsache darstellten, einfach akzeptierte – so wie wir es in unserer Kultur tun. In seinem Fall gehörte dazu die »Tatsache«, dass kein Muslim in der gesamten Geschichte je zu einer anderen Religion konvertiert war. Er glaubte, sein Problem sei absolut einzigartig und er sei ganz allein – der allererste Muslim, der seiner Religion absagte. Das stimmte zwar nicht, doch der Umstand, dass er davon überzeugt war, machte die enorme Entscheidung, die vor ihm lag, nur noch riesiger. Für ihn war es eine Entscheidung zwischen Jesus und buchstäblich seiner ganzen Welt.

Das Mitgefühl seiner amerikanischen Nachbarn half Ibrahim wenig. Da er annahm, dass Mike und ich nicht die leiseste Ahnung hatten, wie ernst seine Situation war, vertraute er mir eines Tages an: »Frau Mike, Sie wissen nicht, was das heißt. Sie wissen nicht, was es heißt, wenn ich glaube, was die Bibel über Jesus sagt. Ich bin Muslim. Muslime können nicht Christ werden. Wenn ich diese Entscheidung treffe, geht es um mein ganzes Leben. Man wird mir das Leben nehmen.«

> *Er glaubte, sein Problem sei absolut einzigartig und er sei ganz allein – der allererste Muslim, der seiner Religion absagte.*

Natürlich stimmte es, dass unser Freund jeden irdischen Grund hatte, sich zu fürchten. Als ich versuchte, ihm mit Geschichten von anderen Muslimen, die Jesus kennengelernt hatten, Mut zu machen, schien er zu denken, dass dies nur fehlgeleitetes Hörensagen sei. Da ich ihm aus Sicherheitsgründen keine Namen nennen oder ihm einen zu Jesus bekehrten ehemaligen Muslim vorstellen konnte, mussten ihm meine Worte ja bedeutungslos erscheinen. Wie wünschte ich mir, ein Christ muslimischer Herkunft würde unserem jungen Freund zu Hilfe kommen und ihn mit einem Zeugnis von seiner eigenen Bekehrung ermutigen! Doch das geschah nicht. Verständlicherweise war der »Trost« einer Ausländerin, die in Freiheit geboren worden war, für ihn keineswegs ausreichend. Und so war Ibrahim, wenn auch unnötigerweise, ganz allein mit seinem Kampf.

Eines Morgens, während Mike die Kinder zur Schule brachte, summte unsere Sprechanlage. Es war etwa zehn Tage her, seit Ibrahim von seinem Traum erzählt und die Bibel zu lesen begonnen hatte. Jetzt drang seine Stimme knisternd über die uralten Drähte, die uns miteinander verbanden. »Frau Mike, können Sie bitte Herrn Mike zu mir schicken, wenn er heimkommt? Ich bin bereit zu beten.«

Halleluja!

An diesem Tag erfolgte die längst überfällig Reaktion auf einen himmlischen Auftrag. Ibrahim »betete zu seinem Gott«. Ganz der arabischen Tradition entsprechend hatte er aus Respekt vor dem Anlass gebadet, neue Kleidung angezogen und Rasierwasser aufgetragen. Er schaute Mike an und bat: »Immer nur ein paar Worte auf einmal. Ich werde wiederholen, was du sagst. Und bitte vergiss nicht den Teil über die Vergebung der Sünde.« Im nächsten Augenblick wurde Ibrahim durch den Glauben an den Herrn Jesus Christus ein Kind Gottes.

Die Herrlichkeit, die sein frisch gereinigtes Herz erfüllte, leuchtete auf seinem Gesicht.

Er strahlte. Die Herrlichkeit, die sein frisch gereinigtes Herz erfüllte, leuchtete auf seinem Gesicht. Ich konnte nicht anders, als ihn zu fragen, wie er sich fühlte. Mit einem breiten Lächeln und einem Strahlen über sein neues Leben und seine neue Freiheit sagte er: »Die Angst ist weg! Ich fürchte mich nicht mehr. Wenn sie mich jetzt umbringen«, und er zeigte nach oben, »weiß ich, wohin ich gehe!«

Gleich als Nächstes wollte er mit seiner Mutter eine Bilderbibel durcharbeiten. Auch sie musste den herrlichen Erretter kennenlernen, den er jetzt kannte.

Bislang lag bei der Mehrheit der Muslime, die Christen wurden, ihrer Bekehrung zumindest teilweise ein Traum oder eine Vision zugrunde. Wir können zwar nicht für andere sprechen, doch Mike und ich können sagen, dass in unserer Arbeit als Missionare der erste Bekehrte, der erste Täufling und der erste Teilnehmer an einem Jüngerschaftskurs jeweils einen Traum oder eine Vision hatten, die zu ihrer Entscheidung beitrugen. Interessanterweise wurde die gleiche Vision, von der Ibrahim erzählt hatte, auch von anderen Muslimen beschrieben. Doch Muslime sind nicht die einzigen Menschen, die Träume und Visionen haben.

Bei einer großen Konferenz über die Arbeit unter Muslimen, die in den Vereinigten Staaten stattfand, kamen zwischen den einzelnen Veranstaltungen mehrmals Frauen auf mich zu, denen Gott es besonders aufs Herz gelegt hatte, für die arabisch-islamische Welt zu beten. Jede von ihnen hatte in einer Gebetszeit ein ungewöhnliches Erlebnis gehabt.

Cynthia glaubte schon seit ihrer Kindheit an Jesus, war in einer Gemeinde aufgewachsen und in ihrer Ortsgemeinde sehr engagiert. Außerdem unterrichtete sie ihre fünf Kinder zu Hause. Bei allem, was sie zu tun hatte, war es ein Wunder, dass sie noch die Energie hatte, für Menschen zu beten, die so weit weg lebten und so wenig mit ihrer Lebenswelt zu tun hatten. Trotzdem tat sie es schon seit drei Jahren! Aufgeregt erzählte sie mir, dass sie in einer Gebetszeit etwas »gesehen« hatte. Es war eine Vision vom Planeten Erde, der sich langsam um seine Achse drehte. Dann kam eine spezielle Region in ihr Blickfeld, die Arabische Halbinsel. Dann war es ein spezielles Land und dann eine spezielle Stadt, und dann – riss die Landkarte auf und Licht schien durch den Riss. Sie hatte den Eindruck, dass Gott ihr einen geistlichen Durchbruch in dem Land zeigte, für das sie betete. Erstaunlicherweise berichteten zwei andere Frauen auf der Konferenz von einem ähnlichen Erlebnis.

Während eines Mittagessens saß ich zufällig neben Phyllis, einer energiegeladenen Christin und brennenden Beterin. Sie erzählte ihren Tischnachbarn von einem seltsamen Erlebnis, das sie kürzlich gehabt hatte. Während sie für die Arbeit unter Ausländern betete, die ihre innerstädtische Gemeinde organisiert hatte, schien der Heilige Geist sie zu unterbrechen und zu sagen: Bete für Almakan. Ihr erster Gedanke war: Wer oder was ist Almakan? Obwohl sie es nicht wusste, gehorchte sie und betete. Später kam ihr Pastor auf sie zu und gab ihr Karten für die Konferenz, auf der wir uns jetzt befanden. Da sie meinte, beides könnte miteinander im Zusammenhang stehen, hatte sie bereits alle gefragt: »Kennen Sie Almakan? Al Makan? Alma Kan?«

> *Sie hatte den Eindruck, dass Gott ihr einen geistlichen Durchbruch in dem Land zeigte, für das sie betete.*

Ich war fassungslos. Vor lauter Sprachlosigkeit musste ich meine nächsten Worte fast hervorzwingen: »Ich weiß, was Almakan ist.«

Phyllis' Augen bohrten sich in meine. »Sie wissen es? Was ist es?«

»Almakan ist eine Stadt. Sie liegt in dem arabisch-islamischen Land, wo ich lebe, und drei Frauen auf dieser Konferenz haben mir erzählt, dass sie eine Vision von einem großen geistlichen Durchbruch dort hatten.«

Wenn Gott Menschen konkret aufs Herz legt, für seine Arbeit zu beten, dann ist er mit Sicherheit an der Arbeit. Er antwortet auf diese Gebete!

So bildet ihr gemeinsam den Leib von Christus, und jeder Einzelne gehört als ein Teil dazu.

1. Korinther 12,27

8. Ohne Gemeinde geht es nicht

Damals, als wir noch in unserer kleinen Wohnung lebten, musste Mike auf eine Dienstreise außer Landes. Die Kinder und ich blieben allein daheim. Kurze Zeiten der Trennung gehörten ganz normal zu unserem Leben, und weder er noch ich dachten uns viel dabei. Doch es sollten zwei der längsten Wochen meines Lebens werden.

Tagsüber verlief das Leben wie gewöhnlich, doch jeden Abend gab es Probleme. Beide Kinder hatten ein »unheimliches Gefühl« in ihrem Zimmer, obwohl sie im gleichen Raum schliefen und kaum zwei Meter voneinander entfernt waren. Jeden Abend bekam die zweijährige Lydia plötzlich hohes Fieber und andere alarmierende Krankheitssymptome, die am Morgen wieder verschwanden. Einmal holte ich sie zu mir ins Bett, um ein Auge auf sie zu haben, und sie schien zu halluzinieren. Sie starrte auf einen Punkt in der Luft und griff mit ihren Fingern danach. Dann stand sie aus dem Bett auf, legte sich auf den Fußboden und schob sich mit den Beinen immer im Kreis herum. Es gab noch andere seltsame Vorgänge, und unser Zuhause begann sich wie ein finsterer Ort anzufühlen.

Beim Telefonieren mit Mike versuchte ich zu erklären, was wir durchmachten, und er betete für uns. Ich betete für uns. Die Kinder beteten für uns. Wir beteten füreinander. Wir beteten und beteten. Doch nichts tat sich. Ich hatte das Gefühl, den Verstand zu verlieren, sollte diese geistlich bedrückende Atmosphäre anhalten. War Gott nicht stärker als Satan? Natürlich war er das – warum erhörte er dann nicht unsere Gebete?

Wir hatten schon in der Vergangenheit häufig Grund gehabt, solche Fragen zu stellen, und hatten mindestens eine der Antworten darauf entdeckt. Gott schien uns dadurch daran zu erinnern, wie sehr wir auf andere Christen angewiesen sind. Sie wissen sicher, wovon ich rede. An einem Tag gebraucht Gott die Gaben, Fähigkeiten, Persönlichkeit, Lebenserfahrung oder Ausbildung eines Menschen, um Ihnen zu helfen, und am nächsten gebraucht er Ihre, um jemand anderem zu helfen. Gott hat es bewusst so eingerichtet, dass wir alle das brauchen, was die anderen zu bieten haben. Unsere Erschöpfung in dieser schwierigen Zeit erinnerte uns wieder daran – wir brauchten den Leib Christi!

Wir kannten mehrere amerikanische Christen, die ebenfalls hier lebten, doch ich fühlte mich trotzdem isoliert. Die wenigen Christen, denen ich genug vertraute, um ihnen von unseren Problemen zu erzählen, hatten mich seltsam angeschaut und nicht genau gewusst, was sie von solchen Erlebnissen halten sollten. Ich hatte den Eindruck, dass sie an meiner »Geistlichkeit« zweifelten, weil ich ihnen meine Sorgen anvertraut hatte, und ich war einfach nicht in der Verfassung, mich zu verteidigen. Ich brauchte jemanden, der wusste, was zu tun ist, der kam und es tat. Aber wen?

An einem Spätnachmittag, als es langsam Zeit für den Gebetsruf zum Sonnenuntergang in den örtlichen Moscheen war, klingelte es an unserer Tür. Als ich öffnete, sah ich schockiert drei forsche amerikanische »Kirchendamen« mittleren Alters vor mir stehen, die mich fröhlich anlächelten. Sie waren wie für den sonntäglichen Kirchgang herausgeputzt – gekleidet in kräftige Farben mit passenden Accessoires. Perfekt frisiertes Haar und attraktives Make-up unterstrichen das Leuchten in ihren heiteren Gesichtern. Wie krass hoben sie sich doch von dem tristen Hintergrund unserer Stadt ab, wo alles mit einer auffälligen Schicht aus Wüstenstaub bedeckt war und farblose, gesichtslose, in schwarze Gewänder gekleidete Figuren durch die Straßen liefen.

Ich traute meinen Augen kaum und zermarterte mir das Gehirn. Wer waren die Frauen nur? Und wie hatten sie uns gefunden? Wir hatten nicht einmal eine offizielle Adresse hier in unserem Labyrinth von zahllosen namenlosen Straßen. Ich fragte mich, ob sie wohl Engel waren.

Sie studierten mich einen Moment lang. Ein mitfühlender Ausdruck legte sich auf das Gesicht einer der Frauen und ihre Stimme durchbrach sanft mein fassungsloses Schweigen.

»Geht es Ihnen gut?«

Sofort war eine Verbindung zwischen uns vier Frauen da – sie waren Christinnen! Ich erwiderte, dass es mir nicht gut ging, und erklärte unsere Notlage. Es stellte sich heraus, dass sie gerade aus den Vereinigten Staaten angekommen und auf der Suche nach einer Freundin waren – die Studentin, die vor Kurzem über uns eingezogen war. Aus Versehen hatten sie an der falschen Tür geklingelt. Als ihnen klar wurde, dass Gott sie durch ihren »Fehler« meiner Familie zu Hilfe geschickt hatte, gingen sie sofort an die Arbeit. Ich glaube, der Heilige Geist führte diese Frauen, als sie in jedem Raum unserer Wohnung beteten. Sie sprachen Gottes Wort über uns aus, geboten dem Bösen Einhalt und baten im Namen von Jesus um Segen für uns. Als sie gingen, liefen mir immer noch Tränen der Dankbarkeit und Erleichterung übers Gesicht.

Ich traute meinen Augen kaum und zermarterte mir das Gehirn. Wer waren die Frauen nur? Und wie hatten sie uns gefunden?

Damit waren die nächtlichen Probleme vorbei. Gott hatte treu für unsere Familie gesorgt, als wir uns so isoliert und machtlos wie nie zuvor fühlten. Durch andere Christen hatte er uns neues Leben eingehaucht und unserem Heim wieder Erfrischung und Licht gebracht. Wir glauben, unser himmlischer

Vater hat diese Schwestern direkt von ihrem Zuhause in den Vereinigten Staaten an unsere Haustür gebracht, um speziell für uns zu beten. Natürlich waren sie ein Segen für uns, doch es war auch für sie ein Segen, die Antwort auf unsere Gebete sein zu dürfen. Das Ereignis diente dazu, Geber und Empfänger aufzubauen und Gott zu verherrlichen. Unbegreiflich, dass wir uns so verbunden und vereint fühlen können, weil wir, geführt von unserem gemeinsamen Vater, füreinander da sein können, selbst wenn wir uns nicht kennen!

Ereignisse wie dieses, bei denen Gott bewusst auf für uns unlogische Art und Weise und durch Mittel handelt, die außerhalb von uns selbst liegen, erinnern uns daran, dass unser christlicher Glaube sich auf eine feste Realität gründet. Meine Familie und mich begeistert es, die geistlichen Wahrheiten, auf die wir im Glauben vertrauen, im »echten« Leben hier auf der Erde ganz greifbar umgesetzt zu sehen – Sie nicht auch? Und ich glaube, Gott freut sich auch daran! Wie gesegnet ist doch jeder Einzelne von uns, zu seiner Gemeinde gehören zu dürfen! Wir sind nicht voneinander isolierte Individuen mit einem gemeinsamen religiösen Etikett, sondern wahrhaftig Kinder Gottes! Wir gehören zu einem Königreich, das so real und so groß ist, dass es nicht nur international, global oder universell ist – es ist ewig! Gott sei Dank für den Leib Christi!

Es war ein sehr geschäftiger Tag im öffentlichen *Madschlis* der *Sheikha*. Zahlreiche Menschen füllten die Sitzecken und warteten auf das Privileg, dieses weibliche Mitglied der mächtigsten Familie der großen Stadt grüßen zu dürfen. Eine perfekt gestylte und makellos gekleidete Assistentin überwachte die Betreuung der Gäste, während Angestellte mit Tabletts voller Erfrischungen hinein- und hinaushuschten. Von vergangenen

Besuchen erinnerte ich mich an die Assistentin; ihr ruhiges und doch gebieterisches Auftreten, ihre gelassene, selbstbewusste Ausstrahlung und ihre weißen Socken waren mir im Gedächtnis geblieben. Aus irgendeinem Grund war mir aufgefallen, dass sie immer weiße Socken trug.

Da im Raum viel Betrieb war, trat sie vor, nahm einer Bediensteten ein Tablett ab und begann, dessen Ladung zu verteilen. Die Angestellte eilte zurück in die Küche, um Nachschub zu holen, während »Weißsöckchen« sich durch eine Gruppe ins Gespräch vertiefter Gäste arbeitete. Sie kam in meine Richtung. Etwas an ihrem Erscheinungsbild vermittelte mir den Eindruck, dass sie es wahrscheinlich mit ihrer Religion sehr genau nahm und möglicherweise sehr bewandert im Koran war. Als sie nah genug bei mir war, versuchte ich, ein Gespräch mit ihr zu beginnen.

»Friede sei mit Ihnen«, grüßte ich sie mit einem freundlichen Lächeln.

»Und mit Ihnen«, erwiderte sie mechanisch.

Angespornt von ihrer Reaktion fuhr ich fort: »Sicher haben Sie heute sehr viel zu tun, bei den vielen Besuchern, die hier sind. Wenn Sie einen Augenblick Zeit hätten, würde ich Sie gern etwas fragen.«

»Weißsöckchen« war nicht gerade zu Fröhlichkeit aufgelegt. Ihre Stimme war so steif wie ihre gestärkte, exakt gebügelte Kleidung. »Ich habe Zeit. Was ist Ihre Frage?«

»Also, ich habe ein bisschen im Koran gelesen und mir ist etwas aufgefallen, das mich verwirrt hat. Als ich meine muslimischen Freunde danach gefragt habe, konnte es mir keiner erklären.«

Ihr Interesse schien geringfügig geweckt. »Sie haben den Koran gelesen?«

»Nur ein bisschen. Ich kenne mich natürlich nicht besonders gut mit diesen Dingen aus, aber mir sind zwei Stellen im

Koran aufgefallen, an denen den Muslimen aufgetragen wird, die Bibel zu lesen und ihr zu glauben, weil sie von Gott in Wahrheit vom Himmel gesandt wurde und seine Worte nicht verändert werden können. Doch alle meine Freunde und Nachbarn sagen, sie dürften die Bibel nicht lesen, weil sie verfälscht und voller Fehler sei. Also frage ich mich: Woher nehmen die islamischen Lehrer diese Doktrin – die anscheinend das genaue Gegenteil von dem ist, was der Koran sagt –, und warum wird sie von so vielen ernsthaften Muslimen akzeptiert? Ich meine – nun ja, das erscheint mir unlogisch.« Solche zum Nachdenken anregenden Fragen, wenn sie ehrlich und freundlich gestellt werden, führen oft zu tiefer gehenden Diskussionen oder sogar zu der Möglichkeit, dem Gesprächspartner eine Bibel anzubieten.

»Woher nehmen die islamischen Lehrer diese Doktrin – die anscheinend das genaue Gegenteil von dem ist, was der Koran sagt –, und warum wird sie von so vielen ernsthaften Muslimen akzeptiert?«

Ohne das geringste Anzeichen einer Emotion entschuldigte »Weißsöckchen« sich. Einen Augenblick später kehrte sie zurück und bat mich, ihr die Verse aufzuschreiben, von denen ich gesprochen hatte, Sure 4,136 und 6,114-115. Sie hielt das Blatt Papier hoch wie ein wichtiges Beweisstück bei einem Gerichtsverfahren und informierte mich, dass sie es zur *Sheikha* höchstpersönlich bringen würde, um eine Antwort zu bekommen. Mich beschlich das Gefühl, dass »Weißsöckchen« weder mich noch meine Frage mochte. Vielleicht hoffte sie, ihre Herrin und damit die Familie ihrer Herrin gegen mich aufzubringen. Als ich schließlich an der Reihe war, die *Sheikha* zu grüßen, fragte ich mich, was wohl als Nächstes geschehen würde. Sicher hatte diese Familie genug Macht, zu tun, was immer ihr gefiel. Herrscher waren dafür bekannt, aus einer Laune oder einem leidenschaftlichen Impuls heraus zu handeln; sie waren nicht an Rechtsstaatsprinzipien gebunden. Gottes Gnade sorgte dafür, dass die Reaktion der *Sheikha* sowohl distanziert als auch gutmütig war. Sie war mit wichtigeren Dingen beschäftigt; und da sie die Frage als eine religiöse erkannte, arrangierte sie großzügig, einen *Mutawwa* direkt zu uns nach Hause zu schicken, damit er sich persönlich um die Angelegenheit kümmern konnte.

Einerseits waren Mike und ich begeistert über eine solche unglaubliche Gelegenheit. Andererseits waren wir nervös wegen der ernsten möglichen Konsequenzen, die sich plötzlich ergaben. Bedachte man, wer ihn schickte, musste dieser *Mutawwa* wahrscheinlich eine hochrangige Persönlichkeit mit großem Einfluss sein. Vielleicht war er der persönliche religiöse Berater der Familie, oder vielleicht war er auch vom Ministerium für Islamangelegenheiten. Ganz gleich, wer er war: Was er der *Sheikha* berichtete, konnte schwerwiegende Auswirkungen haben – nicht nur für uns. Was war mit den anderen Christen, die hier lebten? Wir fühlten uns beide völlig überfordert und konnten nur eines tun: Wir kontaktierten andere Christen und baten sie, für uns zu beten.

Der *Mutawwa* rief am Morgen an, um uns mitzuteilen, dass er vorhatte, zur üblichen abendlichen Besuchszeit zu uns zu kommen. Da er selbst zu beschäftigt war, ließ er seinen Dolmetscher nach der Wegbeschreibung fragen. Einige Christen, die wir informiert hatten, hatten unser Gebetsanliegen weitergegeben, also hatte sich die Sache herumgesprochen. Viele von denen, die unsere Nachricht bekamen, gehörten zu Kleingruppen, die sich zur gegenseitigen Ermutigung, Unterstützung und zum Gebet trafen. »Zufällig« hatten ausgerechnet an diesem bestimmten Wochentag viele dieser Gruppen ein Treffen. Die Folge war, dass tatsächlich ganze Teams von Christen für den Besuch des *Mutawwas* beteten, während er bei uns war. Das war ganz offensichtlich Gottes Timing. Später sollten wir alle darüber staunen, wie präzise Gott den Leib Christi zur Fürbitte für uns lenkte.

Als die Gemeinde sich schließlich zur nächsten Versammlung traf, waren unsere Brüder und Schwestern ebenso gespannt zu hören, wie das Treffen verlaufen war, wie wir ungeduldig darauf warteten, es ihnen erzählen zu können. Sowohl Einzelne als auch Gruppen, die sich an jenem Abend an verschiedenen Orten aufgehalten hatten, berichteten nacheinander, wie sie sich gedrängt gefühlt hatten, sehr konkret zu beten, manchmal sogar mit genau den gleichen Worten. Je länger wir ihnen zuhörten, desto deutlicher sahen wir die Einheit ihrer inspirierten Gebete. Manche berichteten, dass der Heilige Geist sie sogar mehr als einmal während ihres Treffens »unterbrochen« und dazu bewegt hatte, noch mehr zu beten. Einige hatten den Eindruck gehabt, dass ihre Gebete noch während des Betens erhört wurden. Offenbar stimmte das. Was die Beter nun interessierte, war, was sich bei uns daheim zugetragen hatte …

Einige hatten den Eindruck gehabt, dass ihre Gebete noch während des Betens erhört wurden. Offenbar stimmte das.

»Herr, wir bitten dich, dass du alle islamische Redekunst zunichtemachst. Sorge dafür, dass der *Mutawwa* und sein Dolmetscher ihre nichtigen Argumente vergessen und tatsächlich zuhören. Lass sie die Wahrheit hören.«

Und so war es! Mehrmals hatten sowohl der *Mutawwa* als auch sein gut ausgebildeter Dolmetscher versucht, das Gespräch auf eines jener von großen Vorurteilen belasteten Themen zu lenken, aber dann völlig den Faden verloren. Während sie allmählich verstummten, konnten wir die mentale Anstrengung an ihren Gesichtern ablesen. Sie konnten sich einfach nicht an das erinnern, wovon sie gesprochen hatten. Die islamische Redekunst war zunichtegemacht. Sie vergaßen ihre nichtigen Argumente. Und stattdessen hörten sie zu. Hörten richtig zu.

Es herrschte Ruhe im Raum, als unser Ehrengast schweigend mehrere Minuten lang über einen bestimmten Punkt nachdachte. Inzwischen hielt der Dolmetscher den Blick konzentriert auf einen Abschnitt gerichtet, den er bereits mehrere Male gelesen und wieder gelesen hatte.

O Gott, bitte nimm den Schleier von ihrem Verstand …

Langsam hob der Dolmetscher seine Brille an und setzte sie ab. Er beugte sich vor, die Augen immer noch auf den Text fixiert, und las ihn noch einmal.

… und schenke ihnen Offenbarung.

»Ich verstehe es!«, rief er. »Ich verstehe es!« Aufgeregt schaute er jeden von uns an. Ihm war eine Erleuchtung gekommen. Plötzlich begriff er, was unsere Frage bedeutete, warum sie beantwortet werden musste und wie schwerwiegend die Folgen sein könnten. Dies war ein Thema, das an den Kern seines islamischen Glaubens rührte. Obwohl er den Koran schon oft gelesen hatte, hatte er doch nie das Dilemma verstanden, das er jetzt so deutlich sah. Mit dem offenen Buch vor sich warf er seinem Freund einen misstrauischen Blick zu. Seine Stirn legte sich in Falten, als er düster fragte: »Ja, warum sagt ihr eigentlich, dass die Bibel verfälscht wurde?«

Die unterschwellige Anklage hatte unseren *Mutawwa* augenblicklich in die Defensive gedrängt. Beide Männer hatten an diesem Abend einen großen Angriff auf ihren Glauben erlebt, und es bestand keine Notwendigkeit, das Ganze noch schlimmer zu machen. Wir wollten unsere Beziehung zu ihnen fortführen – und aufbauen –, wenn sie dazu bereit waren. Aus diesem Grund bemühten Mike und ich uns, dem *Mutawwa* zu helfen, vor seinem Freund das Gesicht zu wahren. Bereitwillig akzeptierten wir seinen nächsten Vorschlag.

Äußerlich ungerührt ging er über die Anklage hinweg, als hätte er sie nicht gehört. Stattdessen richtete er den Blick auf Mike und mich. »Ich werde etwas für Sie tun«, bot er wohlwollend an. »Schreiben Sie Ihre Fragen hier auf mein Blatt Papier auf. Ich werde sie mit nach Hause nehmen und darüber nachdenken, und dann werden wir zurückkommen und weiter mit Ihnen reden.«

Diese augenscheinlich gemessene und offene Reaktion gewann einigen Respekt seines Begleiters zurück. »Ausgezeichnet«, lächelte der Dolmetscher. Der Integrität und gelehrten Objektivität des *Mutawwas* versichert, fügte er hinzu: »Ich möchte dies auch selbst verstehen. Immerhin wollen wir alle die Wahrheit wissen.«

Einige Tage später erhielten wir einen Anruf von einem Regierungsbeamten. »Mir ist zu Ohren gekommen, dass mein Freund, der *Mutawwa*, Sie in einer den Koran betreffenden Frage besucht hat. Ich glaube, ich kann sie besser beantworten als er. Ist es möglich, dass wir uns diese Woche treffen, um über das Thema zu sprechen?« Obwohl der *Mutawwa* nie mit einer Antwort zurückkehrte, hatte er offenbar die Frage an andere Muslime weitergegeben. Wie weit reiste diese Frage und zu wem? Welche weiteren Auswirkungen hatte sie? Das weiß nur das Haupt, das den Leib bewegt.

Liebe Brüder, als ich das erste Mal zu euch kam, habe ich euch die Botschaft Gottes nicht mit hochtrabenden Worten und großartigen Gedanken verkündet (...). Ich kam als schwacher Mensch zu euch, war zurückhaltend und ängstlich. Meine Botschaft und meine Predigt waren schlicht, ich gebrauchte keine klugen Worte und versuchte auch nicht, euch zu überreden, sondern die Kraft des Heiligen Geistes hat unter euch gewirkt. So verhielt ich mich, damit ihr auf die Kraft Gottes vertraut und nicht auf menschliche Weisheit.

1. Korinther 2,1.3-5

9. Tropfen der Gnade

Vielleicht haben Sie gehört, dass der Film »Die Passion Christi« im Jahr 2004 in mehreren arabischen Ländern – islamischen Ländern – alle Besucherrekorde sprengte. Es gab einen solchen Andrang, dass einige Kinos den Film in mehreren Sälen gleichzeitig zeigten. In einem arabischen Staat lief er hundert Mal am Tag in ausverkauften Kinos. Örtliche Zeitungen berichteten darüber und druckten sogar Werbung dafür auf die Titelseiten. Das Interesse schien ursprünglich von der Tatsache herzurühren, dass es ein amerikanischer Film war, der den Gerüchten nach antisemitisch sein sollte. Da der Nahe Osten Amerika und Israel normalerweise als enge Verbündete wahrnimmt, wollten viele ihn unbedingt sehen. Was sie allerdings sahen, als sie erst einmal im Kino saßen, war etwas ganz anderes, als sie erwartet hatten. Typisch Gott, dass er sogar menschliche Konflikte und Böswilligkeit nutzt, um den Menschen seine Gnade und sein Wohlgefallen zu zeigen. Aus Mittelmeer- und Golfstaaten wurde berichtet, dass arabische Muslime vom Evangelium unseres Herrn Jesus Christus tief bewegt waren. Christen im Publikum bemerkten die Tränen auf den Wangen der Muslime, als sie sahen, wie der Retter der Welt seinen spottenden Feinden am Kreuz vergab. Mehr als einmal saß ein ernüchtertes Publikum noch lange nach Ende des Films schweigend im Saal und strömte dann still nach draußen.

Von überall hört man gute Nachrichten, und manchmal von unvermuteter Stelle. Im Dezember 2001 brachte der einflussreiche und viel gesehene arabische Nachrichtensender Al Jazeera ein Live-Interview mit Sheikh Ahmad al Qatani, in dem er über das Problem berichtete, dass in den afrikanischen

Staaten zahlreiche Muslime zum Christentum konvertieren. Al Qatani, ein saudischer Führer der Sunniten, schätzte, dass pro Jahr sechs Millionen Muslime Nachfolger von Jesus werden! Natürlich können wir seine Angaben weder bestätigen noch widerlegen, doch allein die Tatsache, dass islamische Religionsführer zugeben, dass Muslime sich von ihrem Glauben abwenden, ist neu in der Geschichte. In der Vergangenheit behauptete die Propaganda stets, kein Muslim habe je den Islam verlassen, weil seine Anhänger so zufrieden sind, dass sie nicht das Bedürfnis nach irgendetwas anderem haben. Selbst wenn al Qatanis Statistiken übertrieben wären, um Angst zu verbreiten und Muslime dazu aufzurufen, sich dieser Bewegung entgegenzustellen, bedeutet das an sich doch bereits, dass es eine solche Bewegung gibt. So oder so, es ist eine gute Nachricht. Stellen Sie sich vor, wie ermutigend es für geistlich suchende Muslime oder heimliche Christen sein muss, aus islamischen Quellen zu hören, dass sie nicht allein auf ihrem geistlichen Weg sind, sondern vielmehr Teil einer ganzen Bewegung.

> *Wie ermutigend muss es für geistlich suchende Muslime oder heimliche Christen sein, aus islamischen Quellen zu hören, dass sie nicht allein auf ihrem geistlichen Weg sind, sondern vielmehr Teil einer ganzen Bewegung.*

Und diese Bewegung wächst. Christen muslimischer Herkunft beginnen, ihrem eigenen Volk das Evangelium zu bringen. Sie beten. Sie bekennen persönlich ihren Glauben. Sie geben Zeugnis. Sie schreiben christliche Literatur. Sie helfen, evangelistische Medien zu produzieren. Man findet ihre Zeugnisse auf YouTube, man trifft sie in Chatrooms.

Christen muslimischer Herkunft betreuen den Chatroom und die Telefonhotline für die unglaublich erfolgreiche evangelistische Fernsehsendung von Pater Zakaria Botros, die per Satellitenfernsehen übertragen wird. Man schätzt, dass vielleicht fünfzig Millionen Muslime täglich dieses neunzigminütige arabischsprachige Programm einschalten, das auch in andere Sprachen übersetzt und auf der ganzen Welt ausgestrahlt wird. Durch das leidenschaftliche Lehren und Verkündigen dieses ägyptischen Priesters sind so viele Muslime zum Glauben an Jesus Christus gekommen, dass er von der arabischen Presse zum »Staatsfeind Nr. 1« erklärt wurde. Al Qaida hat sogar ein Kopfgeld auf ihn ausgesetzt. Unsere Familie hörte von ihm zum ersten Mal durch arabische Freunde, die uns erzählten, dass Muslime ihn hassen, aber nicht widerstehen können, immer wieder seine Sendung einzuschalten, um zu hören, was er als Nächstes sagen wird.

Doch das sind nur Tropfen der Gnade, die auf den Strand fließen. Eine ganze Flutwelle ist im Anrollen. Tausende Exemplare der Bibel in arabischer Sprache werden jeden Monat im Internet heruntergeladen. Dort wimmelt es auch nur so von Zugriffen auf arabische und englische Seiten, die darauf ausgerichtet sind, Muslime zu erreichen. Die Menge an Fragen und Kommentaren, die Muslime zu arabischsprachigen christlichen Sendungen im Radio und Fernsehen haben, ist so groß geworden, dass manche Werke sie kaum noch bewältigen können. Mini-Filme über das Evangelium werden auf Mobiltelefonen, iPods, BlackBerrys und Bluetooth-Geräten weitergeleitet. Und neben der Technologie gibt es auch noch das altbewährte persönliche Gespräch. Araber, die Stammgäste in beliebten Ferienorten in nicht-islamischen Ländern sind, kaufen dort von christlichen Mitarbeitern aus erster Hand Bibeln, evangelistische Literatur und Medien. Daheim auf arabischem Boden treffen sich geistlich suchende Muslime und Christen muslimischer Herkunft mit christlichen Freunden, um die Bibel zu lesen und über ihren Glauben zu sprechen. Wir haben von Christen muslimischer Herkunft gehört, die sich in Autos treffen oder hinaus in die Wüste fahren, um

Gemeinschaft zu haben, zu singen und Gottesdienst zu feiern, weil es keinen anderen sicheren Versammlungsort für sie gibt. Vor einigen Jahren hielten Christen muslimischer Herkunft aus zwei arabischen Ländern eine eigene Konferenz ab, beteten und sprachen darüber, wie sie ihre Länder für Jesus erreichen können.

Missionare jubeln heute darüber, dass in den letzten drei Jahrzehnten mehr Muslime zu Christus gefunden haben als in den letzten vierzehn Jahrhunderten! Was ist heute anders? Warum jetzt? Natürlich versteht es sich von selbst, dass die Zeit für diese Ernte nach Gottes souveränem Plan festgelegt ist. Und ganz offensichtlich ist das Gebet ein großer Bestandteil dieses Plans. In den letzten Jahrzehnten gab es mehr Gebet und verzweifelte Fürbitte von Christen für die islamische Welt als je zuvor. Ein wunderbares Beispiel dafür ist eine Geschichte, die ich von Nik Ripken hörte.

Nik Ripken, ein Missionsveteran und bekannter Forscher im Bereich der verfolgten Gemeinde, war vor einigen Jahren in China, um Interviews mit einer Versammlung von über 150 einheimischen Gemeindeleitern zu führen. Dieses Männer und Frauen waren Vertreter einer Gemeindegründungsbewegung, die über zehn Millionen chinesische Christen umfasste. Am Ende eines anstrengenden Tages, an dem er viele Fragen gestellt, zugehört und noch mehr Fragen gestellt hatte, war Nik reif fürs Bett. Doch seine neuen Brüder und Schwestern hatten auch noch einige Fragen an ihn.

> *Missionare jubeln heute darüber, dass in den letzten drei Jahrzehnten mehr Muslime zu Christus gefunden haben als in den letzten vierzehn Jahrhunderten!*

Da sie nicht viel von dem erfuhren, was Gott in anderen Teilen der Welt tat, wollten sie wissen, ob es auch an anderen Orten als China Christen gab. Natürlich waren sie begeistert, als sie die Antwort hörten! Als Nächstes wollten sie wissen, ob auch andere Christen unter solcher Verfolgung litten wie sie. Nik beschloss, ihnen Geschichten von Christen muslimischer Herkunft aus zwei arabischen Ländern zu erzählen, die für ihren Glauben an den Herrn Jesus Christus viel gelitten hatten. Seltsamerweise schienen seine chinesischen Zuhörer überhaupt nicht auf das zu reagieren, was er berichtet hatte. Vielleicht, dachte Nik, sind sie so an das Leid gewöhnt, dass solche Geschichten sie gar nicht mehr bewegen. Immerhin lebt man in China mit der Erwartung, dass ein Nachfolger von Jesu aus seiner Familie verstoßen wird und wahrscheinlich mindestens drei Jahre im Gefängnis verbringt. Es ist sogar üblich, dass niemand zur Gemeindeleitung gehören darf, der nicht einige Zeit für seinen Glauben im Gefängnis war. Trotzdem bekümmerte Nik diese Reaktion (oder deren Fehlen), und er schleppte sich zutiefst entmutigt ins Bett.

Gegen sechs Uhr morgens wachte Nik auf, weil er Weinen und Rufen hörte. War es eine Razzia? Hatte die chinesische Polizei ihren Versammlungsort gefunden? Er rannte nach draußen. Was er vorfand, glich einer Massenhysterie. Alle der über 150 Konferenzteilnehmer saßen auf dem Boden, knieten oder lagen ausgestreckt auf der Erde. Manche schlugen sich auf die Brust; irgendetwas schien sie zu quälen. Da er die Sprache nicht verstand, machte sich Nik auf die Suche nach einem Übersetzer, der ihm sagen konnte, was hier vor sich ging. Rasch bewegte er sich durch die Menschenmenge. Dabei meinte er, drei Worte zu erkennen, die immer wieder ausgesprochen wurden: das Wort »Muslim« und die Namen der beiden Länder, von denen er am vorigen Abend erzählt hatte. Sie beteten. Nein, sie schütteten ihr Herz vor Gott aus und traten für die Muslime ein, von deren Existenz sie erst vor wenigen Stunden erfahren hatten. An jenem Tag verpflichteten sich diese Gemeindeleiter, ihren Gemeinden weiterzusagen, was sie erfahren hatten, und jeden Tag eine Stunde früher aufzustehen, um vor Gottes Gnadenthron Fürbitte zu leisten, »bis Gott etwas tut«.

Wenn das Gebet *eines* gerechten Menschen große Macht hat und viel bewirken kann (vgl. Jakobus 5,16), was geschieht dann, wenn *viele* Christen beten?

Ein Jahr später war Nik wieder in einem der Länder, von denen er seinen chinesischen Freunden erzählt hatte. Die Christen dort hatten große Neuigkeiten. Nach Jahrhunderten eisernen Widerstandes gegen das Evangelium hatte es einen geistlichen Aufbruch gegeben. Statt Widerstand zu leisten oder bloße Toleranz walten zu lassen, waren Muslime tatsächlich aktiv auf der Suche nach der Wahrheit – eine überwältigende Veränderung von einem Jahr auf das nächste!

Und natürlich sind es nicht nur die chinesischen Christen, die beten. Christen überall auf dem Planeten beteiligen sich an dieser Gebetsbewegung. Das *Window International Network* (WIN) gibt an, dazu beigetragen zu haben, dass etwa vierzig Millionen Christen in 120 Ländern für das 10/40-Fenster beten, wo die meisten unerreichten Völker der Welt leben. Andere Werke wie das *Arabian Peninsula Partnership* (APP) konzentrieren ihre Gebete sogar konkret auf die Region der Welt, wo der Islam geboren wurde. *Praying Through the Arabian Peninsula* (PTAP) widmet sich ausschließlich der Aufgabe, Christen auf der ganzen Welt zu informieren und dazu auszurüsten, für die sieben islamischen Nationen der Arabischen Halbinsel zu beten: Saudi-Arabien, Kuwait, Katar, Bahrain, die Vereinigten Arabischen Emirate, Oman und den Jemen. Ihre wöchentlichen E-Mail-Rundbriefe bringen neue Gebetsanliegen, berichten von Gebetserhörungen und geben kurze Zeugnisse von Mitarbeitern vor Ort weiter. Man schätzt, dass weit über eine Million Menschen in zwei Dutzend Sprachen durch PTAP und sein Netzwerk Stoff für ihre Gebete erhalten.

Dieses Buch, das Sie in den Händen halten, enthält nur einige wenige Bruchstücke von dem, was geschieht. Gott gebraucht Unmengen von Christen – Menschen aller Art – mit unermesslichen Mitteln und auf unzähligen Wegen, um das Licht seiner Liebe in das Gesicht des Islam scheinen zu lassen. Der Leib Christi wendet sich auf alle erdenkliche Art und Weise der Gemeinschaft (Umma) des Islam zu. Hier »vor Ort« bekommen wir die Ergebnisse dieser geballten Anstrengungen zu sehen, und das wollten wir Sie wissen lassen.

Danke, dass Sie Ihren Teil dazu beitragen, die Erkenntnis von Gottes Herrlichkeit auf der ganzen Erde zu verbreiten. Wir stimmen mit Ihnen in das Lob des Herrn der Ernte ein und danken dem Herrn »für seine Güte und für seine Wunder, die er an den Menschenkindern tut« (Psalm 107,31; Luther).

Gott sei die Ehre!

Weitere Informationen

Deutschsprachige Internetseiten:

- www.ead.de/arbeitskreise/islam/30-tage-gebet-fuer-die-islamische-welt.html (Seite mit Informationen und Gebetsanliegen)
- www.apinfo.eu/deutsch.html (europäischer Zweig der Partnerschaft für die Arabische Halbinsel APP)
- www.islaminstitut.de (Institut für Islamfragen der Evangelischen Allianz)

Arabischsprachige Internetseiten für interessierte Muslime und Christen muslimischer Herkunft:

- www.arabicbible.com (Arabische Bibel in verschiedenen Formaten)
- www.dreamsandvisions.com (Persönliche Geschichten von Christen muslimischer Herkunft)
- www.islameyat.com (Biblische Lehre in Audio- und Videoform auf Arabisch)
- www.arabicprograms.org (Arabischsprachiges Internetradio von Trans World Radio)
- www.inarabic.org (Jüngerschaftsseite auf Arabisch)
- www.borjalmaarifa.org (E-Learning-Jüngerschaftskurse für neubekehrte Christen muslimischer Herkunft)
- www.takwin-masihi.org (Jüngerschaftskurs)

Englischsprachige Internetseiten:

- www.pray-ap.info (Praying Through the Arabian Peninsula)
- www.apinfo.eu (Arabian Peninsula Partnership Europe)
- www.30-days.net
- www.morethandreams.org (Persönliche Erfahrungsberichte ehemaliger Muslime)
- www.resource-international.info
- www.answering-islam.org
- www.engagingislam.org

Albrecht Hauser (Hrsg.)

Ich glaubte an Allah und träumte von Jesus

Paperback, 13,5 x 20,5 cm, 160 Seiten
Nr. 394.696,
ISBN 978-3-7751-4696-8

Muslime aus Deutschland, der Türkei, Algerien und vielen weiteren Ländern berichten von ihrer Suche nach Gott. Sie erleben, wie Gott ihnen auf unterschiedliche Art und Weise begegnet: durch Träume und Wunder. Durch Menschen und die Bibel. Im Hier und Heute.

Andreas Maurer

Basiswissen Islam

Wie Christen und Muslime ins Gespräch kommen

Paperback, 13,5 x 20,5 cm, 272 Seiten
Nr. 394.846,
ISBN 978-3-7751-4846-7

Fernsehen, Radio, Internet, Zeitungen – der Islam ist präsenter denn je. Doch welche Lehren vertreten seine einzelnen Gruppierungen wirklich? Andreas Maurer hat seine fundierte Islamkunde völlig neu überarbeitet. Kompaktes Wissen, echte Hilfen und biblische Impulse zum Gespräch.

Bitte fragen Sie in Ihrer Buchhandlung nach diesen Büchern!
Oder schreiben Sie an: SCM Hänssler, D-71087 Holzgerlingen;
E-Mail: info@scm-haenssler.de; Internet: www.scm-haenssler.de